同济大学第一附属中学
"双新"实践探索丛书

数字化赋能

普通高中
新课程新教材实施国家级示范校
构建新型教与学模式的实践

主编◎张哲人

同济大学出版社
TONGJI UNIVERSITY PRESS
·上海·

内 容 提 要

本书是作为“普通高中新课程新教材实施国家级示范校”的上海市同济大学第一附属中学的实践探索成果之一，体现了学校“育人为本、全面赋能”的数字化建设目标。学校探索将数字化技术全方位应用于教育教学各环节、各场景中，赋能教学方式的创新，助力师生高质量发展，打造了数字化技术赋能下的教育教学生态变革图景。

本书的读者对象为普通高中各学科教师和教学研究者、教育数字化转型的研究者和实践者。本书可为读者思考和探索教育数字化转型的方向与路径提供实践案例。

图书在版编目(CIP)数据

数字化赋能：普通高中新课程新教材实施国家级示范校构建新型教与学模式的实践 / 张哲人主编. --上海：同济大学出版社，2024.12. -- ISBN 978-7-5765-1431-5

Ⅰ. G632.3-39

中国国家版本馆 CIP 数据核字第 2024LR4518 号

同济大学第一附属中学“双新”实践探索丛书

数字化赋能：普通高中新课程新教材实施国家级示范校构建新型教与学模式的实践

主　编　张哲人

责任编辑　任学敏　**助理编辑**　竺奕辰　**责任校对**　徐春莲　**封面设计**　渲彩轩

出版发行　同济大学出版社　www.tongjipress.com.cn

（地址：上海市四平路 1239 号　邮编：200092　电话：021-65985622）

经　销　全国各地新华书店

排　版　南京文脉图文设计制作有限公司

印　刷　上海颛辉印刷厂有限公司

开　本　710mm×1000mm　1/16

印　张　10.25

字　数　184 000

版　次　2024 年 12 月第 1 版

印　次　2024 年 12 月第 1 次印刷

书　号　ISBN 978-7-5765-1431-5

定　价　58.00 元

前　言

建设基座，创新场景
——普通高中育人方式变革的技术支撑

2021年8月，教育部批复同意上海成为教育数字化转型试点区。2021年11月，上海市教委发布《上海市教育数字化转型实施方案（2021—2023）》，明确提出要坚持"育人为本""全面赋能"等原则，形成一批高质量、可复制、可推广的教育数字化转型经验和示范场景；围绕立德树人根本任务，更新教育理念，变革教育模式，以数字化支撑高质量教育体系建设。

同济大学第一附属中学重视数字化在落实"双新"（新课程新教材）改革中的助推作用。本书将数字化赋能作为亮点，全方位阐述学校数字基座建设进展，呈现信息技术在学校教学创新实践、师生高质量发展和评价策略探究等场景中的应用，展现学校育人方式变革的进展和取得的成果。本书由张哲人担任主编，负责梳理编写思路。

一、数字基座建设：数字化赋能普通高中构建新型教与学模式的技术基础

同济大学第一附属中学坚持将问题导向和目标导向相结合，以统一的数据标准与安全体系为支撑，以整体性数字基座建设为载体，不断夯实学校数字化转型的技术基础，利用数字基座构建了一个数据驱动、技术协同、应用多样的智慧教育生态系统。学校依托数字基座架构了组织中心、数据中心、消息中心、应用中心和物联中心五大中心；设置了统一认证登录入口，供校级管理员、教职工、学生、家长等不同角色用户使用；依托开源的轻应用开发功能，构建了"创建轻应用—管理应用开发人员—配置H5主页链接或PC端主页链接—配置接口权限和回调地址"等应用上架流程，引导教师等主体依据需求进行个性化设计，满足不同教育教学需求。不同应用产生的数据按照学校需求回流到各大教育数据主题库中，最终实现各应用之间的数据融通和汇聚，打破各应用之间的数据壁垒，

消除信息孤岛。

目前学校数字基座涵盖教、学、管、评、考、教研、服务、资源共享、活动和家校互动等场景中的30多个轻应用群，构建起“一座统管”“一网联通”“一屏治校”的教育应用新生态。

二、教学场景创新：数字化赋能普通高中构建新型教与学模式的核心抓手

教育数字化转型只有与教育教学实践有机融合才能发挥其最大的价值，才能够真正推动教育教学实现高质量发展。同济大学第一附属中学以数字化技术赋能教育教学场景创新为抓手，聚焦教学创新实践、师生高质量发展和评价策略探究三个核心场景，整体推进学校教与学模式的变革。

第一，数字化赋能教育创新实践。以数字基座的信息化技术为支撑的精准教学，可以突破传统教学中教师仅凭主观经验进行学情分析、实施教学的局限。学校不同学科教师从学科教学实际情况出发，利用信息化技术重构教学流程，升级翻转课堂，实现线上学习和线下教学的有机融合；在课前、课中和课后等环节为学生提供多模态的学习资源，让学生切身体会知识在具体情境中的应用，让学生带着问题、带着“主见”进入课堂，变抽象性的教学为具象化的教学。课堂中的技术为教师提供教学“脚手架”，便于教师将更多精力放在为学习困难的学生提供个性化教学指导等环节上，提升课堂教学的有效性和普惠性。

第二，数字化助力师生高质量发展。学校设计了“晓德助手”应用软件，学生可以通过该应用软件获取个人学业分析报告，了解自己阶段性的知识短板，及时查漏补缺，调整自己的学习策略，制订个性化的学习路径。学校注重利用信息技术为学生建设智慧学习环境，建设了“5G＋深度学习馆”，提供了支持学生自主学习的数字资源和探索空间，助力学生依循“自由、合作、计划”原则，从浅层次的概念学习走向深层次的系统化学习。同时，不同学科教师还探索在课堂中利用信息技术支持学生自主的个性化学习，引导学生从被动接受到主动思考，从而提高学生的学习兴趣。

第三，数字化推动评价策略探究。新时代教育评价改革提倡尊重学生人格的完整性、成长的动态性、发展的差异性，注重德智体美劳各个方面的全面述评，注重发挥对学生未来学习的引领功能。学校依托数字基座的数据汇聚和分析对学生进行“数字画像”，生成学生“成长轨迹图谱”，指引学生实现精准定位。在具体的教学实践中，教师利用信息技术对学生的学习风格和认知特征进行分析，确

定学生学习起点，并利用信息技术对学生的学习过程进行评价，形成数字化学习档案。除此之外，教师还尝试利用信息技术对学生学业成绩进行全方位、深层次的分析，为学生教育、教学和管理工作提供更好的服务和支持。

本书凝结了学校教师、教学管理人员的心血，彰显着普通高中新课程新教材实施国家级示范校对于构建新型教与学模式的实践和探索。由于编写人员的知识和能力有限，本书难免有不足之处，敬请广大读者批评指正，以便本书不断完善。

2024 年 10 月

目 录

第一篇

数字基座建设

数字基座建设与数字化转型设计

——基于数字基座的学校数字化转型探索与实践

郎 樱 陈 怡

一、问题与目标

学校早期在教育信息化领域进行了大胆的探索与实践，特色鲜明。学校曾自主研发整体性的教育信息平台，功能涵盖行政管理、走班选课、教学教研、成绩评价等，当时提出的“人人参与、操作简便、统一平台、资源共享”四大原则深入人心，学校教师对教育信息化的认同度和信息素养整体较高。

原平台的功能和理念虽然具有一定的先进性，但由于缺乏统一标准，早期底层技术架构已不能满足当下的最新需求，同时，原平台和第三方新兴应用的数据对接也困难重重，因此，原平台可扩展性和可持续性不强，推广价值不大。如今，学校数字化赋能教育管理的应用越来越成熟，但在直接作用于教与学方式转变，以及数据循证指导教学方面仍需要努力。教育数字化转型既要为学校信息化管理和服务减负，又要深度赋能教育教学应用，还要保障教育数据的安全，为此我们必须作出大胆变革。

从尊重人才的成长规律出发，学校继续坚持将问题导向和目标导向相结合，以统一的数据标准与安全体系为支撑，以整体性数字基座建设为载体，优化以人为本、开放自由的创新学习空间，打造数智技术赋能下的智慧校园。

数字基座的构建和实施拟达到以下 4 个目标。

① 高频率接入，确保常态化使用。学校完成本级组织中心建设后，确保学校基座用户全员开户，全员上线；做好基座推广和使用的相关培训，提高学校基座的常态使用率。

② 高质量使用，创新教育应用场景。要高质量用好学校的自建应用，在教、学、管、评、考、教研、服务、资源共享、活动和家校互动等场景中，形成具有学校特色和可推广的教育数字化转型应用案例。

③ 集约化管理，提升学校数据治理能力。实现学校数据标准可视、可查；应

用回流数据可读、可管;“一屏管校”“一屏治校”,提升整体数据治理、数据融合、数据驱动的能力。

④ 共享数据价值,深化教育评价改革。学校充分运用大数据方式,服务学生学、教师教、学校管的全过程,开展精准评价、诊断、改进,推动教学方法革新和人才培养模式改革。

二、建设与迭代

在市教委对于教育数字基座建设的规范指导下,学校数字基座整体系统架构遵循“五大中心”结构,五大中心是指组织中心、数据中心、消息中心、应用中心和物联中心(图 1)。

• 组织中心:提供统一的用户管理、组织架构管理、授权管理和认证管理。

• 数据中心:提供学校教育大数据仓库功能,支持数据编目,数据采集,数据治理,数据运维,数据资产管理、共享及交换等。

• 消息中心:营造安全的互动交流环境,提供统一的通讯录、公告咨询服务和即时通信(Instant Messaging, IM)服务。

• 应用中心:提供新的应用生态体系,支持插件式轻应用、低代码和零代码应用平台。

• 物联中心:支持智能物联、设备统管。

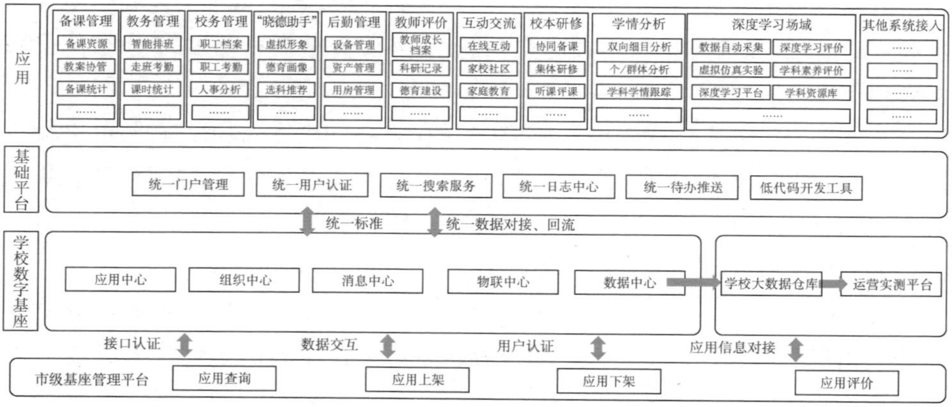

图 1 学校数字基座整体架构

在用户体验层面,基座提供一个统一门户。统一门户面向用户提供统一认证登录入口,兼容 PC 端和移动端等多种操作系统,供校级管理员、教职工、学生、家长等不同角色用户使用。基座基于角色进行不同应用权限分配、个性化资源内容推荐，实现统一账号、统一组织、统一登录、统一授权。

在业务应用层面，可通过基座的“开发者平台”，完成“创建轻应用—管理应用开发人员—配置 H5 主页链接或 PC 端主页链接—配置接口权限和回调地址”等应用上架流程，经过学校审核，各类第三方应用可上架至应用中心，提供各类教育教学服务。

在数据存储层面，数字基座也提供教育数据仓储、查询、调用、分析和挖掘服务。应用开发者可查询到标准基础数据应用程序编程接口（Application Programming Interface, API），可为应用申请 API，经校管理者审批通过后可进行调用，同时各应用数据也要按照学校需求，回流到各大教育数据主题库中，最终实现各应用之间的数据融通和汇聚，打破各应用之间的数据壁垒，消除信息孤岛。

建设学校数字基座，不仅是落实上海城市数字化转型“整体性转变、全方位赋能、革命性重塑”总体要求的具体措施，更是构建一个数据驱动、技术协同、应用多样的智慧教育生态系统的必经之路。

三、实践与探索

目前，学校数字基座涵盖教、学、管、评、考、教研、服务、资源共享、活动和家校互动等场景的 30 多个轻应用群，构建起“一座统管”“一网联通”“一屏治校”的教育应用新生态。

（一）全覆盖教育教学应用群

1. “晓德助手”

为探索信息化时代育人方式变革的路径，学校开发了基于基座的轻应用“晓德助手”，赋能学生“个性而全面”发展，实现了“全员、全方位、全时段”育人，构建了以“高参与、高陪伴、高支持”为特征的信息化时代育人模式。

(1) 基于数据分析为学生定制“个性化发展路径”

进入“晓德助手”，学生首先根据自身实际，设定“重要他人”。平台将为学生推送 MBTI 性格类型测试等（图 2）内容，基于数据分析，为学生推荐榜样。学生完成个性化设定后，可自定义每周与每月的阶段小目标。平台通过为学生设定任务、奖励，形成个性化的、动态的职业生涯与学业规划，并将规划分解为可实现的阶段目标，引领学生实现既定目标。平台还会通过数据收集、监测和分析，集合学校、家庭、社会等各方力量，对学生进行持续性跟踪评价与指导。

图 2 “晓德助手”应用界面

(2) 依托“自组织社群”持续激发学生“追梦”内驱力

平台基于学生所设定的“重要他人”数据，为具有相同兴趣爱好与发展目标的学生提供组建“自组织社群”的空间，充分发挥优秀同伴示范作用。同时，引入高校“领跑计划”优秀学长、高校专家、校外机构等资源，借助成长交流、主题讲座、实验室支持等方式，引导学生在交互中形成对未来发展的理性认知和发展当下学业的强劲动力。此外，平台还为学生提供实际资源支持，为每名学生打造“追梦”线上社交圈。

(3) 为学生个性化、泛在化的学习需求提供丰富的课程资源

“晓德助手”的“好课推荐”等功能还为学生提供了大量的“学科网班”“梦想课程”资源。“学科网班”包括学科分类指导、分层辅导和研究性学习，教师可以根据班级情况选题，学生可以根据自身需求做题。“好课推荐”还可以实现各类研究性课题的线上理论指导与线下专项化指导(图 3)。大量精细化的知识点关联为学生评估自身学习情况、定制符合现阶段个性化学习需求的课程提供了科学指导。学生完成课程学习后，“晓德助手”还会根据学生课程学习与作业完成的情况进行数据分析，智能化推送适合学生提升自我的课程与辅导资源，满足学

生个性化、泛在化的学习需求。“梦想课程”则通过理论学习与实践活动，让学生认识自我，找寻并逐步明晰奋斗目标。学生可对自己进行合理定位，掌握制订个人发展规划的基本方法，提高规划力、设计力和执行力。思政一体化课程、职业生涯规划课程、心理健康课程等丰富的“梦想课程”能够为学生坚定理想信念、实现人生梦想提供支持。

图 3 “好课推荐”中的资源

(4) 为学生的开放性劳动课程学习提供动态记录与评价的工具

“晓德助手”还能为每个学生建立个性化的劳动档案。学生可以在“每周任务”中自定义劳动的内容，通过文字、图片、视频等形式记录劳动过程、劳动感悟。学生每周自评劳动表现、劳动态度、劳动成果，教师则根据过程性的劳动记录、学生的自评、劳动的成果等给予学生过程性的评价并赋分，表现突出的学生还可通过“校园交流”进行分享，营造劳动光荣的氛围。劳动课程的报名也依托“晓德助手”，由此学生可掌握平台生成的自己高中三年的劳动轨迹（图 4）。增值性评价则是指依据劳动积分，每学年进行一次考核评估，评选优秀志愿者与劳动标兵，提高学生劳动的积极性。

2. 成绩分析系统

成绩分析系统以考试成绩的数据为基础，根据教育测量学的原理，采用数理统计方法来处理大量的成绩数据，以便提高成绩管理工作和规范处理过程的效率，通过对成绩数据的科学分析与评估来推进教学研究和提高教学质量。成绩

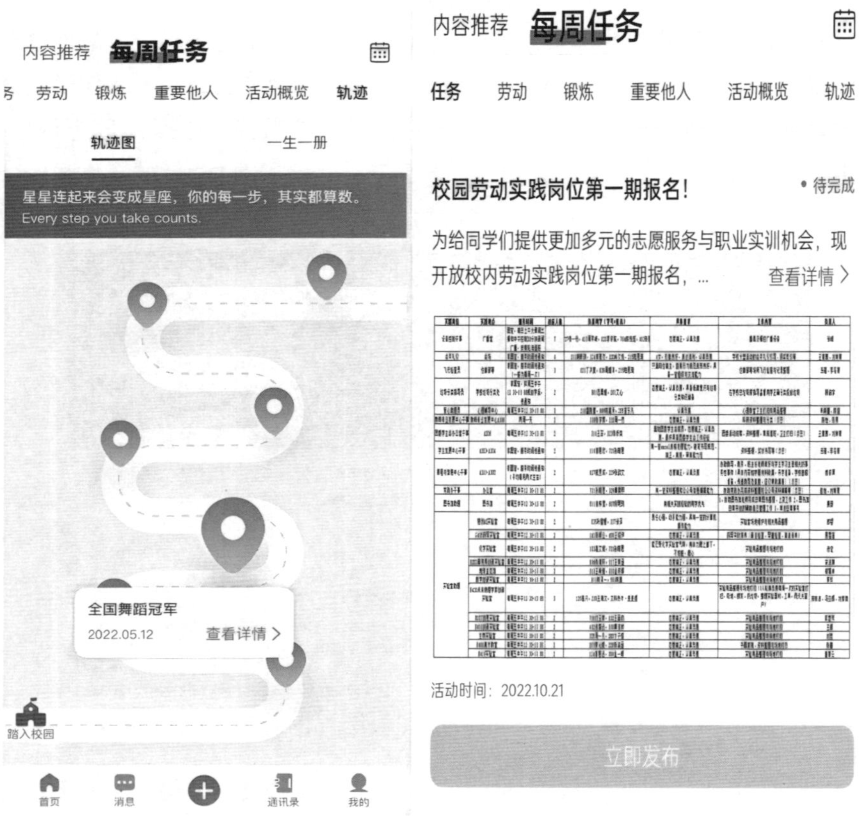

图 4　劳动课程的动态记录与评价

管理系统可以与阅卷管理系统对接，提供成绩发布、成绩检索查询、成绩统计分析和成绩报告打印等服务，成绩统计分析从多角度出发，以清晰、直观的图表形式显示统计结果，并支持导出数据，方便进行传阅和文档保存。成绩分析系统涉及教务处、命题组、被考查组、任课教师、学生五种角色。教务处的老师具有创建考试、指定命题组、指定被考查班级的权限；命题组由被教务处指派命题的各科教师组成；被考查组由被教务处指派考查的各班级教师组成。

（1）试卷双向细目表

成绩分析系统支持导入各科目试卷的双向细目表，可提炼每张试卷考核的知识点。

（2）成绩列表

成绩分析系统支持以班级或年级为单位，从平均分、最高分、最低分、标准差、标准 T 分五个数据维度对考试分数进行分析，采用条形图呈现分析结果。

(3) 成绩统计

① 分段分析。成绩分析系统支持统计全年级学生的分数段分布情况,以统计表格和柱状图两种形式呈现分数段分布情况。点击某一分数段即可查看处于该分数段的具体学生名单(图 5)。

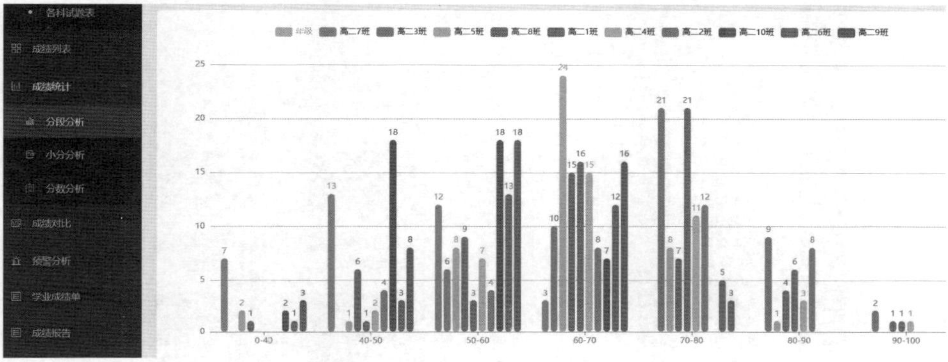

图 5 学生成绩分段分析

② 小分分析。成绩分析系统支持统计试卷各小题(含主观题、客观题)的区分度和平均值。区分度可最大限度区分不同水平的人群,根据不同难度的题目和不同水平的受测者而异。鉴于学生的能力往往是呈正态分布的,测验中题目难度的分布也基本为正态分布,即难、中、易都有,中等难度题目最多。只有这样才能保证整个测验有较高的鉴别力。

③ 各类型学生成绩分析。成绩分析系统支持按照学生类型统计成绩。学生类型包含统招(统一招生)、自招(自主招生)、推荐、区配、校配、艺术特长生、体育特长生、内高(内地新疆高中班)、零志愿和其他类型。这个功能可以帮助教师快速了解各类型学生的成绩情况。

(4) 成绩对比

成绩分析系统支持以班级或年级为单位,任选两次考试成绩,对比分数档位变化的情况,可指定学生搜索。此数据作为学生成绩跟踪分析和家校互动的基础数据,为教师和家长了解每个学生的成绩情况提供科学依据。

(5) 成绩预警

成绩分析系统提供以年级或班级为单位的成绩预警功能,支持教师循证研究,即根据教育政策、教学方式和历届学生的录取对比情况等自变量调整预警参数,并进行整体学习情况分析。成绩分析系统支持统计单学科的四分位变化情况,提供三大主科目、等级考科目组合和总分的四分位变化情况。如图 6 所示,表格中“→”代表无变化,“↑”代表提高,“↓”代表下降。

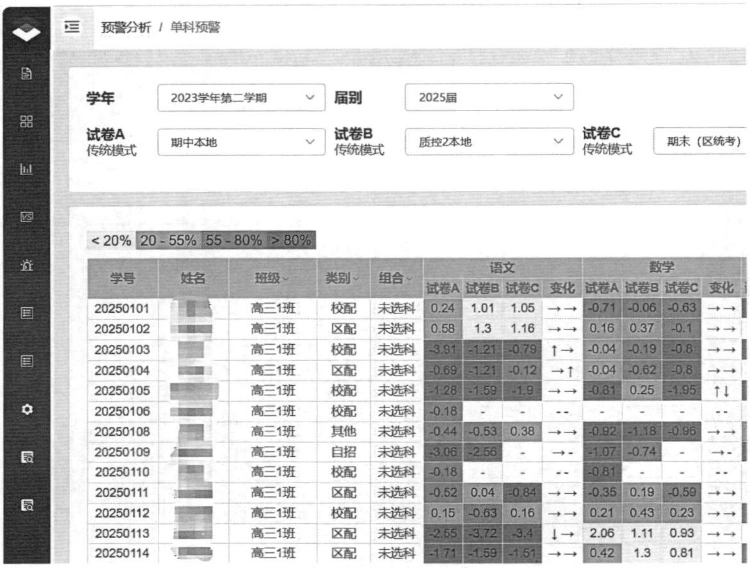

图6　学生成绩预警

（6）学生成绩单

成绩分析系统支持生成学生个人成绩报告，含各次考试的原始分数、等级、成绩对比、标准T分及其变化趋势。原始分数是学生的卷面分数，是阅卷系统或人工导入的学生卷面成绩。等级是学生排名的档位，为学生高考选科提供参考依据，成绩分析系统以12.5%为一个档位，共8个成绩档位，如排名在前12.5%的学生成绩报告单显示为A等级。标准T分可以反映学生在不同科目中的优势与劣势（图7、图8）。

图7　学生个体各科成绩总览

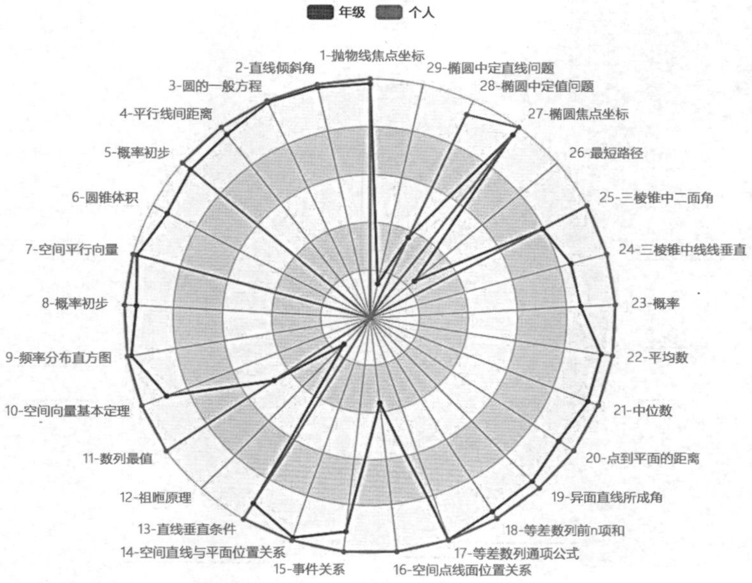

图 8 学生个体单科成绩雷达图

3. 智能排课系统

新高考背景下新要求的提出，不仅推动了高中课程的变革，也对智慧校园的建设提出了更高的要求，尤其是教务工作中的选课/选科、分班、走班排课、学籍管理等需要更新工作流程，急需满足新高考要求的应用软件。

(1) 校本选课

在校本选课中，学生遵循自由自主、先到先得的原则，可选择自己喜欢的校本课程。

智能排课系统支持普通教师上传选修课基本信息，包含上课教师姓名、课程名称、课程简介、课程类型、上课时间、可选人数、上课教室、课程标签等信息，提供预选学生名单(图 9)。

智能排课系统支持普通教师查看已申请课程的基本信息，查看学生信息，录入选修课成绩；支持有管理员权限的教师查看学生选课列表、选修课列表、班级名条、教师点名册。学生选课列表包含选修课名称、上课时间、选修课类型(连堂课或非连堂课)、选课节数等信息。

智能排课系统支持普通教师对上传的选修课进行编辑、发布、退回、删除操作，提供选修课信息预约发布时间和提交截止时间的设置功能；提供选修课信息退回功能，教师可修改后重新上传；支持管理员批量发布课程信息，在学生未选课之前撤回已发布的课程，导出选课列表(图 10)。

图 9　校本选课

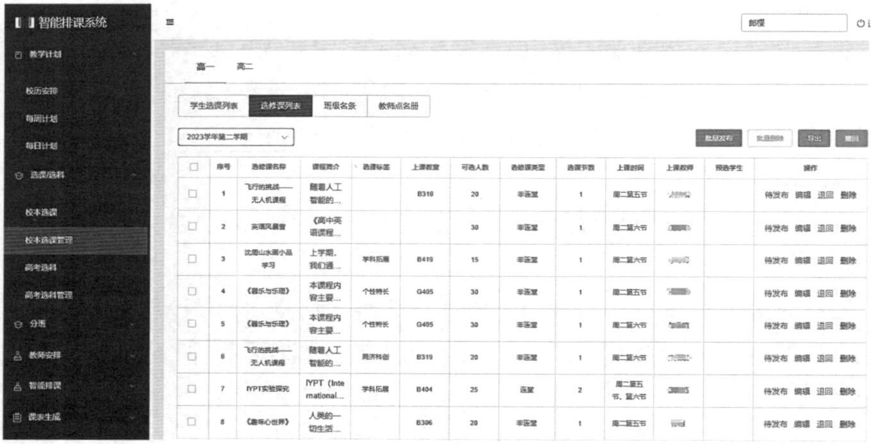

图 10　校本选课管理

智能排课系统支持导出班级内所有学生的选课信息，包含选修课名称、上课教师、上课教室、上课时间、选课节数等，还可导出班级名条以及每门课的学生名单。

（2）智能排课

智能排课系统适应上海市新高考“3＋3”模式，可根据 20 多种选科模式安排走班教学，借助计算机算力灵活排课，如有教师互斥设置、单双周排课、节次预排等功能，依据学校有限的资源，实现课表的最优化并输出多维度课表。

① 校历安排。智能排课系统支持设置校历,可点击日历查看各考试节点,并手动添加更多的考试计划(图 11)。

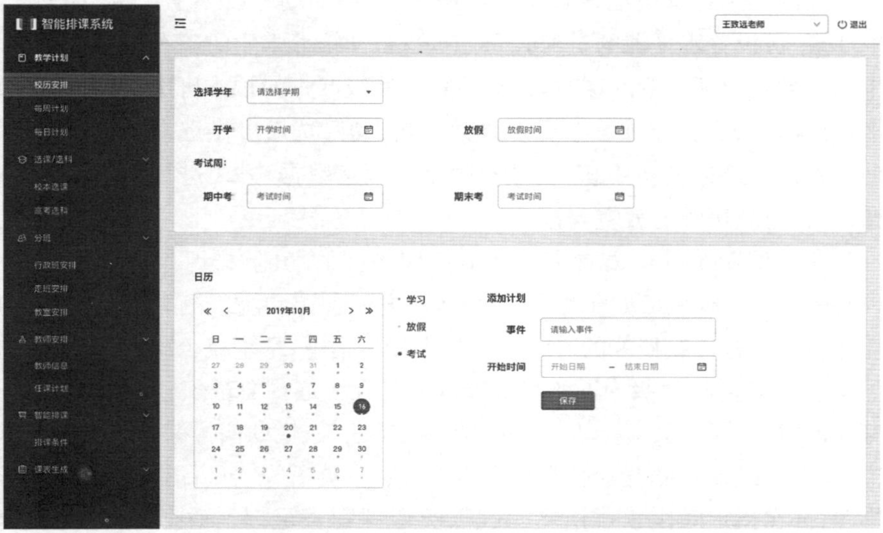

图 11　校历安排

② 每周计划。智能排课系统支持设置每周计划,设置每周上课天数,上午、下午的上课节数与时长之后,课表将根据设置实时显示上课情况,可点击课表的单元格,切换上课与放假状态。

智能排课系统支持设置各科目每周预排课时情况,根据学校的实际教学需要设置学程,含半学期学程与一学期学程。

③ 走班安排。智能排课系统提供行政分班的应用服务。高一年级可根据学生中考成绩、男女比例、面试情况进行分班;高二年级的行政班安排以方便走班为主要原则,优先将选课组合相同、成绩与能力水平相近的学生安排至同一班级中。智能排课系统支持高二年级的行政班与走班同步升级为高三年级的行政班与走班。

智能排课系统支持高二、高三年级的走班需求。高二年级有等级课走班和水平课走班。等级课涉及的科目是参加高考的科目;水平课涉及的科目是除选定的等级考科目之外的其他三门参加会考的科目。为更好地运用有限的教学资源达到最佳的教学效果,智能排课系统提供大走班和小走班的功能,以便教师灵活排课,小走班指的是学生主要来自同一行政班,大走班指的是学生来自不同行政班。智能排课系统支持设置多种走班原则,可限制走班的总人数;可根据学校教师和学生人数的实际情况灵活设置等级课班级数量,如划分为等级 1 班、等级

2 班、等级 3 班、等级 4 班，可自动安排全年级学生的上课时间及课程类型，在学生课表中显示等级课班级、上课教师与上课教室等详细信息；可根据学校教师和学生人数的实际情况灵活设置水平课班级数量，如划分出水平 1 班、水平 2 班、水平 3 班，可设置水平课的上课时间、节数；自动统计学生的高考选科数据，根据学生的人数及教师设置的课时，自动估算各等级课程的预排班次、每名任课教师的平均课时数；支持添加等级课班级数量，自动筛选出可供选择的等级课班级，帮助排课用户高效安排走班；支持教师录入教室数据，方便进行等级课班级、水平课班级、行政班级的教室安排。

智能排课系统提供设置多种智能排课条件的功能，排课条件如下：教案平齐，即任课教师在各班级的授课进度一致，方便备课和统一测验；课表编排可实现任课教师在各班级授课的时间在一日内较为集中，尽量减少跳课，避免 3 节及 3 节以上课程连排；班级内同科目的授课时间在一周内分散安排（如物理课一周内有 3 课时，每隔一天安排 1 节，可星期一、星期三、星期四排课，或者星期二、星期三、星期五排课）；体育课后避免排语文、数学、英语等主科；语文、数学、英语每日排课；要在指定时段预排语文、数学、英语课程数量；教师排课应避免教研时间、会议时间（图 12）。

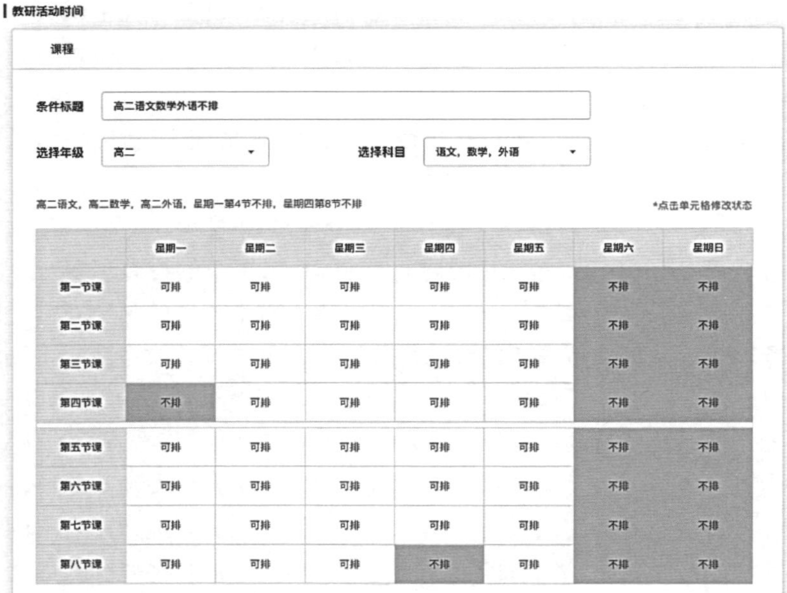

图 12　排课条件设置

智能排课系统还支持生成多种类型的课表，可生成年级总课表、班级课表、教师课表和学生课表。

4. 考务管理系统

考务管理系统支持传统排考模式及新高考排考模式。考务管理系统有普通教师和管理员两种角色。普通教师可查看已发布的考务信息，管理员可创建考务。创建考务时可设置考试类型、考试时间、考试班级、考试学科、考试模式，预设监考人员与考场；根据学生类型设置不同的考试规则；支持同步设置各科目的考试信息，可根据学校的资源配置情况，以最优化的方式安排考场信息。生成考务表后可对考务表进行微调，最终能够自动生成考场序号、考场座次和考号；能够批量生成五类安排表，包括：考务安排总表、考场安排表、监考人安排表、考生安排表和监考工作量统计表（图 13）。

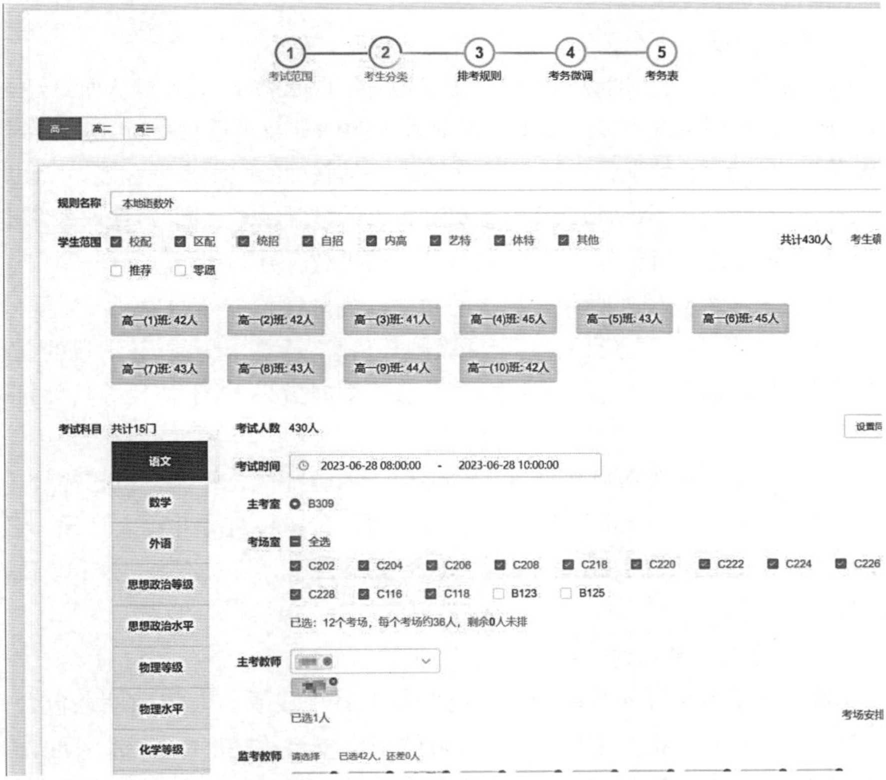

图 13 考务管理

5. 学籍管理系统

由于初中生入学及高考生毕业，高中每年会有两次学籍变动。教务管理、教学工作、学生管理、财务后勤等业务都依赖学生学籍数据，学籍数据的滞后会给学校管理增加负担。学籍管理系统提供学生信息导入、学籍信息同步、学生统计等功能，能够实现主管教务和教学的各部门学籍信息共享，消除学籍信息孤岛，确保教务和教学工作的高效协同。

6. 校本研修管理

校本研修即围绕教学或科研中的重难点问题，随时随地开展学习、交流和协作，以实现资源共享和共同发展的一种教研方式。校本研修管理有助于跨越地域界限，拓宽学习渠道；打破资源壁垒，实现知识共建共享；多向互动交流，增进同伴互助。远程协同教研最突出的特点就是多向互动，云技术为教研创造了较为真实的课堂互动氛围，不同区域的教师既可以围绕研究主题进行现场发言和交流，也可以通过文本的形式表达想法。云文档的常态化应用为教师交流讨论提供了平台支持。

7. 评课系统

评价课堂教学，可帮助教师和学校更好地了解课堂教学的情况，从而更好地提升教学质量。评课系统可以从多个方面对教师的课堂教学进行评价，包括教学目标、教学方法与手段、教学思想等方面，客观地评估教师的教学水平和能力，帮助教师发现自己的优点和不足，从而更好地提高自己的教学水平。同时，评课系统也可以帮助学校更好地了解教师的教学情况，从而改进教育方案和管理措施。

评课系统提供到校外听课后评价的功能。教师评价校外的公开课需要录入对应的学校名称、科目、上课主题、上课教师等信息，从总体印象、教学目的、教学内容、教学过程、教学方法、教师基本素养、教学即时效果、教学特长等角度打分，输入评语。

评课系统支持校外教师用游客账号评价校内教师的公开课。可扫描校内公开课信息对应的二维码，进入评课模式，为各项评分指标打分并输入评语。教师可查看已评课的记录和收到的评课信息，可查看自己评课的草稿，点击草稿，编辑评课信息(图 14)。

8. 教师专业发展系统

教师专业发展系统支持教师上传已获得的各项成果。上传的信息包含：获得日期、上报类型、上报类型的子项目、附件和成果名称(图 15)。教师可在“个人中心”查看在课程建设、教学研究、德育能力、教育科研、培训指导和学术荣誉等方面的成果数量，以及个人成果在成果总数量中的占比情况(图 16)。学校领导可查看全校教师所获成果的类别、数量，组织全校教师申报校级、区级、市级、国家级课题项目。

图 14　评课系统

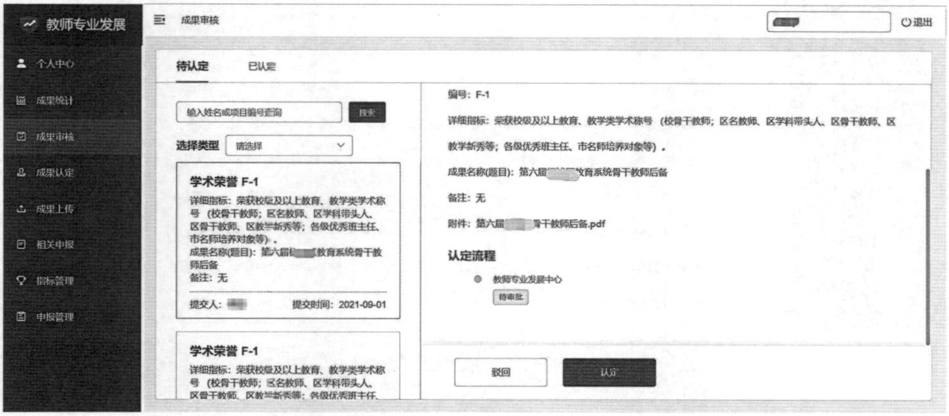

图 15　教师上传成果

9. 项目归类系统

项目归类系统为学校提供各类项目资料的整理归类和存档服务，这有助于组织和管理大量的项目，使使用者更易于查找和理解资料（图 17）。管理员可灵活设置组织内其他成员的阅读和编辑权限。项目归类系统支持使用标签

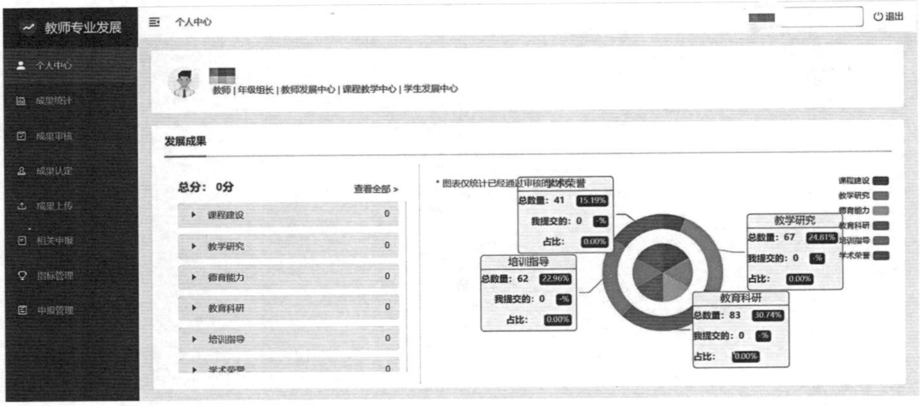

图 16　教师个体专业发展汇总分析功能

或关键词进行归类，为每个项目添加适当的标签或关键词，以便通过搜索或筛选来查找相关的项目。使用者可在线查阅项目中的文件，并在其中实时添加批注。

图 17　项目归类

(二) 五大数字化特色场景

1. “数字·思政”资源类场景

学校打造了“OMO”数智思政大讲堂（图 18）。数字基座的“学习社区”板块提供面向全体师生的学习空间，各个党（团）支部在“学习社区”中开设了诸如“信仰加油站”“同上一堂思政课”等互动研讨论坛，提供开放的、自由的、泛在的混合式自主学习空间。学校组织开发“书记思政课堂”系列微课，丰富“大思政课”的数字化学习资源；组织“行走的思政课”活动，打造线上线下融合的思政课堂，让“大思政课”课堂真正大起来、视野真正宽起来、内容真正活起来，同时运用数字化技术及时采集师生进行思政学习的过程性数据，完善“大思政课”教学评价体系，创新“大思政课”育人方式。

图 18 “OMO”数智思政大讲堂

2. “数字·健康生活”服务类场景

利用数字基座提供的低代码平台，心理教师自主研发心理健康预警和干预类轻应用。心理教师利用低代码平台中的各种表单和分析工具，设计评测量表，搭建心理健康预警和干预的流程化应用，可面向全体学生随时随地开展多次普遍筛查，跟踪筛查结果，获取“心理健康一级预警”的学生名单。然后根据名单，再进行“心理健康二级干预”的评测，从而能更迅速地对部分群体进行专业的提前介入。除了利用数字化技术赋能学生心理健康，数字基座的数据中心还打通了学生高中三年的运动数据，实现对学生体质健康的自动跟踪监测，提供可量化、可追溯、可跟踪的主动式健康管理体系。

3. “数字·精准教学”评价类场景

以数字基座的信息化技术为支撑的精准教学，可以打破传统教学中教师仅凭主观经验进行学情分析、实施教学的局限。在数字基座的支持下，学校遵循数据驱动的干预原则，构建具有精准导向的诊断程序，实现对学生全体和个体的精准分析和学情预警，指导教师根据实际学情，从教学目标、重难点突破、授课内容、授课方式、语言组织、课堂练习等方面进行适切的个性化处理，形成精准练习、检测、讲评的闭环，实现精准的分层教学。学生也可以获取个人作业的精准分析报告(图 19)，了解自己阶段性的知识短板，及时查漏补缺，调整自己的学习策略，制订个性化的学习路径。

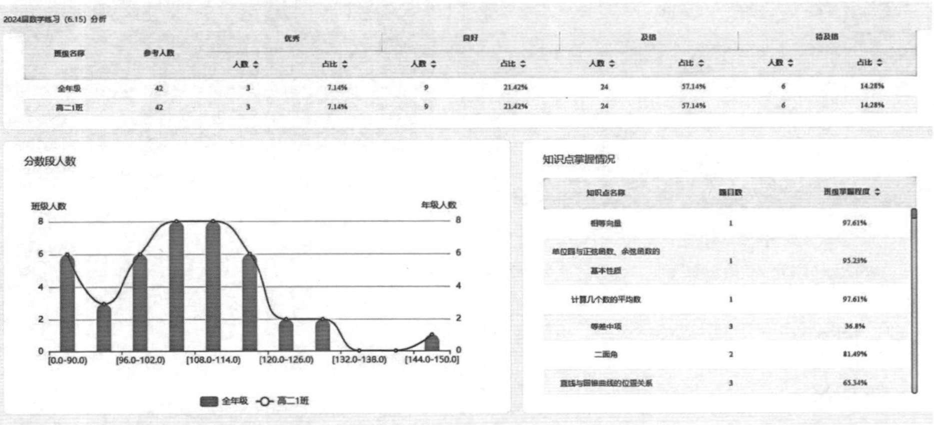

图 19　学生个人作业的精准分析报告

4. “数字·教师发展”研修类场景

数字基座的应用市场提供了服务教师专业成长的“校本研修”和“教师专业发展”两个轻应用。“校本研修”为教师提供备课、教研、公开课展示与评价等技术服务。“教师专业发展”则采集教师专业发展中关于课程建设、教学研究、德育能力、教育科研、培训指导和学术荣誉六大维度的过程性数据；通过数据中心进行融合分析，最终实现教师主体数据全维度、跨应用的聚合，形成“一师一发展”的教师数字画像(图 20)，为学校整体师资梯度建设提供可参考的意见和决策支持。

5. “数字·‘晓德助手’”家校活动类场景

数字基座中的“晓德助手”提供“生涯指导”“梦想课程”“主题活动”“劳动教育”“家长学校”等家校互动服务。在“晓德助手”应用中，学生可以进行多元智能评测，更精准地认识自我，激发内驱力，定制个性化生涯发展路径。学生可以与志同道合的同学共同组建“社群”，相互激励、共同进步。学生还可以实时打卡，展示每周在德、智、体、美、劳五大方面取得的成果；评选“每月之星”，充分发挥示范引领作用。此外，“晓德助手”结合全员导师制的推进，开发丰富的学生发展指导课程、家长学校课程等，为家校共育提供更开阔的云端空间(图 21)。

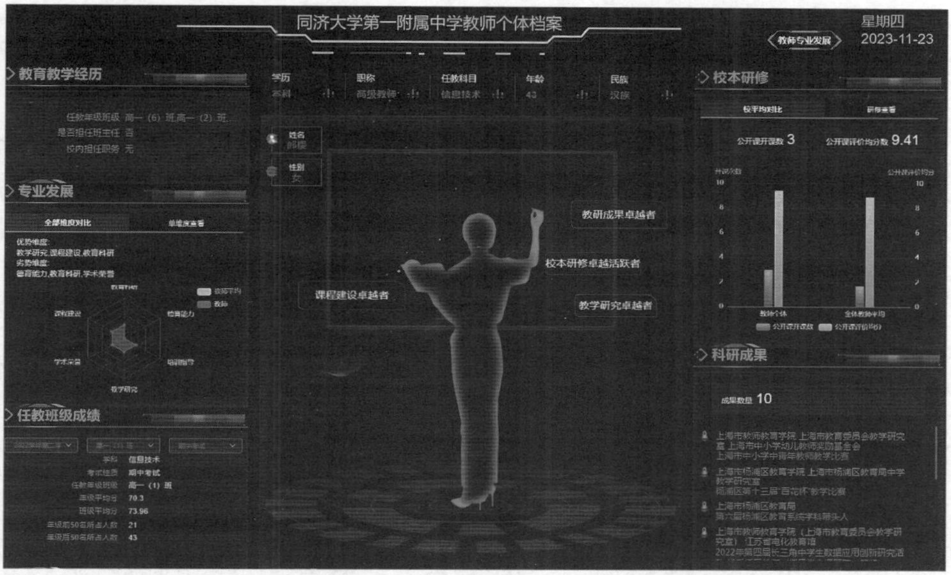

图 20　教师“数字画像”

图 21　“晓德助手”中的云端空间

四、成效与创新

（一）建成集约统一的教育数据中心

学校制定统一的数据标准，使用统一的业务接口、数据共享机制、数据权限等，消除信息孤岛、打破数据壁垒。学校教育数据仓库包含基础管理、学生成长、教师发展、教学管理等主题库，结构化数据存储量为 377.09 MB，数据回流量为 58 余万条，共享数据量为 71 余万条。通过运营实测大屏，学校能实时了解数据资产的积累情况和动态(图 22)。

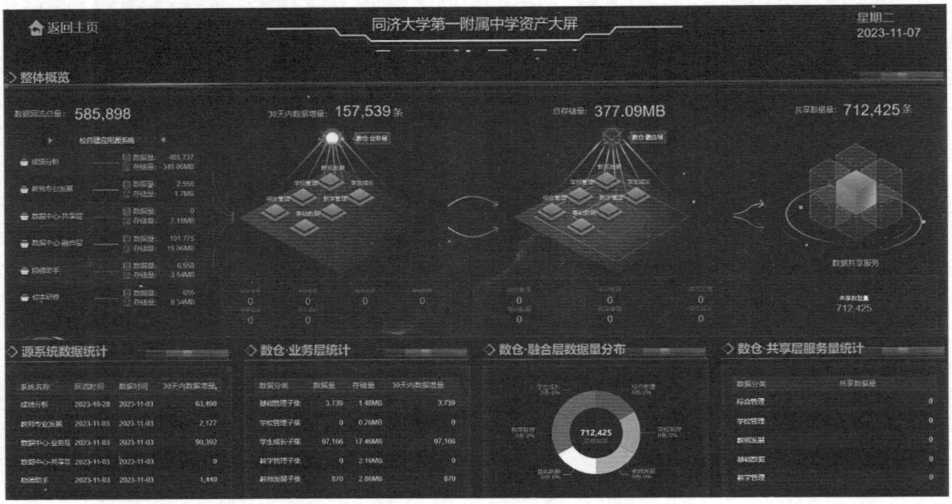

图 22　学校数据资产大屏

(二) “政府定标准、搭平台，企业做产品、保运维，学校买服务、建资源”的新型信息化建设模式有效落地

学校解决了重硬件建设、轻应用服务的问题，强调“应用为王、服务至上”，明确以数据为本，实现可持续的“服务—积累—反馈—优化”过程，完善了应用生态体系，构建了良好的循环发展模式。学校已基本形成常态化应用群，每月数字基座用户的活跃率达到 80%。

(三) 提供可复制的基座建设和实施路径以及可推广的学校常态化应用

同济大学第一附属中学的数字基座建设和实践经验可辐射其他信息化程度较高的学校，亦可帮助信息化程度较低的学校。目前同济大学第一附属中学已接待各省份来访学校 20 余所，如贵州省黔西南布依族苗族自治州兴义第一中学、贵州省大方县第一中学、广西壮族自治区柳州市三江中学、云南省迪庆州香格里拉中学、新疆维吾尔自治区乌鲁木齐市第八十中学、甘肃省定西市第一中学、云南省云龙县第一中学、四川省宜宾市李庄中学等，为全国各地区开展数字化赋能学校智慧教育提供了示范与样本。

（四）数字基座为教师的信息意识和数据素养赋能

教师的数字化学习能力提高，从对信息化教育的理念认同到养成信息化教育的习惯，更能根据学科需求创造性地使用数字化工具。教师探索信息化教育的成果丰硕，每年有多名教师的论文获上海市教育信息化论文、基础教育信息化应用典型案例评比的一、二等奖。

基于数字基座的学校数字化转型创新性实践已取得阶段性成效，实现了数据的融合，推动教育模式变革、流程再造和应用生态的重塑。未来学校将继续发挥在教育数字化转型领域的示范作用，让智能技术与教育“双向奔赴”，产生更奇妙的化学反应。

第二篇

数字化赋能教学场景创新

一、数字化赋能教育创新实践

利用信息技术提升高中诗词教学有效性的策略探究

周 琳 杨海燕 胡 悦

一、实践背景

（一）政策背景

2021年11月10日，上海市教委发布《上海市教育数字化转型实施方案（2021—2023）》（以下简称《实施方案》）。《实施方案》明确提出，上海教育数字化转型将坚持“育人为本”“整体推进”“全面赋能”“多元协同”“安全稳妥”五项基本原则，力争到2023年，将上海建设成为全国教育数字化转型标杆城市。教育数字化转型发展需要信息化赋能教育管理与教育教学各环节，以数据驱动因材施教的常态化和灵活智能的教学模式，形成智能、泛在的学习体系。

（二）教学背景

在这一政策背景下，如何让信息技术引领精准施教，在情境构建中促成学生深度学习方式的转变，是本文探讨的关键问题。由于学生个体之间存在较大的学情差异，高中诗词教学往往难以充分推进涵盖语言、思维、审美、文化的语文学科核心素养的培养，自然也无法彻底实现学生诗词阅读理解能力的全面提升。而在信息技术的支持下，线上线下融合教学模式可推动学生学习方式的转变，学生从识记理解向综合运用迈进，在综合性的学习任务中实现素养能力的真正提升。

二、实践目标

统编版语文教材必修上册的第一单元主题为“青春的价值”，教材文本包含五首诗词，同时设置了“创作一首诗歌”的单元写作任务。本案例拟以此为驱动，通过对基于知识图谱的线上线下融合式诗词教学的探究与实践，探求利用信息技术提升高中诗词教学有效性的策略。本案例利用信息技术构建线上教学情境，通过学生反馈获得教学依据，再基于教学依据实施线下课堂的精准教学，以及探究学习环境变化对于学生学习行为模式的影响。

三、实践探索

（一）探究路径

1. 构建学习情境

在融合式诗歌创作学习中，学习情境的构建可分为广义与狭义两个层面。广义的学习情境即学习环境，包括知识图谱（三级目录）（表1）、基于知识图谱的微辅导视频资源和自测题库等学习资源。狭义的学习情境则主要指教师为学生布置的具体的诗歌创作任务，以及由此衍生的线下交流和反馈成果的汇报展示活动等。

表1 “创作古诗词”知识图谱（三级目录）

单元/主题	一级目录	二级目录	三级目录
诗词品读与创作	古诗（词、曲）创作	拟定诗题	1. 情感直抒
			2. 信息概括
		选择诗体	1. 自由型（古体诗）
			2. 格律型（近体诗）
			3. 格律型（词）
		诗情表达	1. 单纯型（起承转合）
			2. 复杂型（诸情交织）
			3. 复杂型（乐景哀情）
		诗文修饰	1. 景物修饰（修辞）
			2. 情感修饰（写作手法）

2. 重设学习流程

一般而言，线上学习的优势在于丰富的资源、个性化的学习机会、广阔的试错空间和数据反馈下的精准施教，因此，案例中的融合式学习由情境选择、定向学习、评价修订、成稿展示这一系列完整的学习环节构成，信息技术则为其中的定向学习、评价修订环节提供强力支持,由此形成精准教学,反馈到线下课堂教学中。

以统编版高中语文教材必修上册第一单元“创作一首表达青春感悟的诗歌”任务为例。任务原题相对泛化,故在原题基础上将情境细化,如“为班会创作一段以‘青春’为主题的激昂诗歌”或“拟写一首倾诉心声的青春小诗”等。

进入线上流程后,学生确定目标体裁及情境,由平台推送相关微辅导视频资源以供巩固学习、自测题以供检测、既往范例作品以供品读,学生在充分学习参考后完成诗歌初稿。在其后的学生评价环节,选取相同诗歌情境、相同体裁的学生自动组成线上学习小组进行互评。为避免知识面狭窄,写作相同情境不同体裁和相同体裁不同情境诗歌的学生也可进入小组之外学生个人的互评界面,形成充分的交流碰撞。交流产生智慧,碰撞引起争议,争议所在即为“证据”所在。接下来,回归线下,以课堂讨论与教学的形式协助学生解决争议,形成标准,再经由学生修改定稿,教师点评展示,完成整个学习流程。线上线下承担不同环节的任务,同时又紧密结合,最终推动整个学习任务的完成(图 1)。

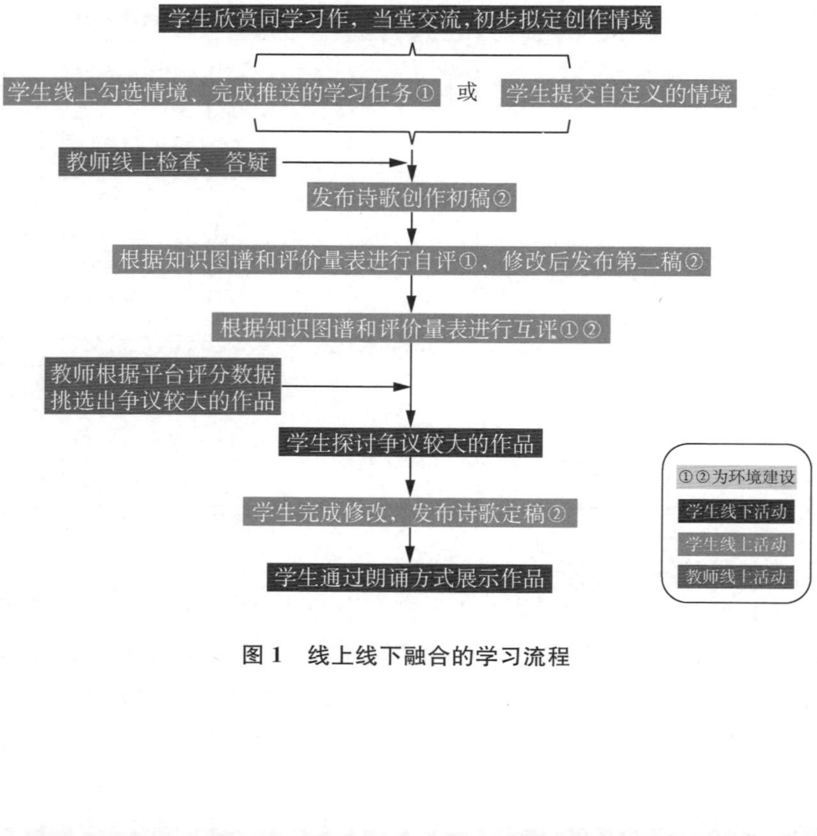

图 1　线上线下融合的学习流程

（二）实例举隅

下面展示上述流程中的部分操作实践过程。

1. 拟定具体创作情境（“青春”主题）

（1）自然之青春，生机勃勃

你用镜头记录下了春日景色，想配首小诗，在朋友圈向朋友们介绍同济大学第一附属中学的春天。请你在校园中寻找春天的景物，并为其配写一首小诗。

（2）你我之青春，精彩懵懂

总有一些或低落、或高兴、或甜蜜、或苦涩的情绪萦绕在我们心头。你最近是否有类似的“成长的烦恼”？可以用一首诗歌记录下你现在的所想、所思。

（3）人类之青春，热血拼搏

有那么一群人，为了国家、为了人类的命运而不懈奋斗。在观看了《八佰》《金刚川》《我和我的家乡》等电影、参观了庆祝中国共产党成立100周年主题展览、参加了五四青年节主题活动之后，你是否也心潮澎湃？请在影评区或活动留言簿上留下你的诗歌作品。

（4）榜样之青春，熠熠生辉

在你的青春旅途中，总有一个人对你的青春产生深刻的影响，他或是你的父辈，或是你的老师，或是千百年前的古人，他的经历使你与之共鸣，你与他神会心契，他曾给予你怎样的青春力量？倘若你能穿越到他的青春时代，与他相遇、相知，你会对彼时的他说些什么呢？请用一首诗歌记录你的想象与思考。

（5）历史之青春，光辉灿烂

如果将历史人格化，不同国度的历史都有其辉煌的青春时期。你可以重温“轴心时代”的精神气质，也可以徜徉于文艺复兴时期的艺术盛宴，还可以梦回大唐盛世的诗韵风华。请用一首诗歌描绘你认为最具青春气息的人类历史时期。

唯有具体而详尽的情境，才能引发学生最具灵感的创作构想。

2. 自评和互评

当学生的初稿在自评和互评环节得到一致的高分时，教师会将其发布在优秀作品区进行展示。这样不仅可以激发学生创作的热情，给创作有困难的学生一些参考，还能督促评价者在评价时务必保持慎重态度。

若在自评或互评中某一个维度的得分低，或评价结果为不合格，反馈也无异议，则直接进入修改环节。如下面两首诗中个别语句存在押韵不畅、选词不当等明显问题，学生在互评时就能获得及时反馈，在不盲从权威的前提下，及时反思，提升语言表达能力(表 2)。

表 2　学生初稿与修改稿

学生初稿	学生修改稿
(一) 梦坠古城隅畔 悄然经过的仙子 空灵唱响鹅黄羽翼下的伊甸园之曲 对坐的恋人吟着 匪女之为美，美人之贻 刹那间那过眼所致处 隐约在那秋的初阳下 沙洲仙子的泪珠 也随梦醒注入江畔	(一) 梦坠古城隅畔 悄然经过的仙子 空灵唱响鹅黄羽翼下的伊甸园之曲 对坐的恋人吟着 匪女之为美，美人之贻 刹那间交会的眼神 隐约在那秋的初阳下 沙洲仙子的泪珠 也随梦醒注入江中
(二) 清晨的朝阳，照进了我的窗 却又让我想起了过往的悲凉 你像仙女下凡般 踏进我心里的古园 秋风萧瑟，故人已去 落叶纷纷联想起对伊人的向往 我曾用竹篮捞那长江里的水 不过浮影一场，过往涟漪	(二) 清晨的朝阳，照进了我的窗 却又让我想起了过往的悲凉 你像仙女下凡般 踏进我心里的殿堂 秋风萧瑟，故人已去 落叶纷纷联想起对伊人的向往 我曾用竹篮捞那长江里的水 不过涟漪一阵，浮影一场

若学生自评和互评结果出现较大差异，教师应及时抓取这些具有争议性的作品，作为线下课堂的学习资源，进行当堂讨论。例如，以下诗歌就是一首有争议的作品。学生打分时对诗中比喻修辞的运用效果存疑，教师恰恰可以据此施教，以“诗词鉴赏与评价中的比喻修辞”为核心知识点，联动知识图谱(表 3)中与之同属一类的“借代”或“夸张”等展开教学。

囚徒

残月重圆，若隐若现
却在梦里才显得真实
暗，不配倒映在江水面
光，成了山的囚徒，不能思念

表 3　古诗词鉴赏知识图谱(比喻修辞手法部分)

单元/主题	一级目录	二级目录	三级目录	模糊关键词
诗词鉴赏	古诗(词、曲)鉴赏与评价	作品鉴赏之手法	1. 修辞手法	用典、比喻、比拟、拟人、拟物、借代、设问、反问、夸张、对偶、排比、双关、互文、通感、顶针、反复
			2. 表现手法	动静、虚实、情景、抑扬、意象叠加、直抒胸臆、借古讽今、对比、反衬、侧面烘托
			3. 表达方式	记叙(叙述)、议论、抒情、描写、说明

(三) 策略分析

1. 多层知识图谱

在以上探究中,知识图谱无疑是实现整个学习流程不可或缺的依据。从自主学习到自主检测,微辅导视频及题库的针对性推送离不开逻辑严密的知识体系,学习流程中最后的线下教学和自主修改环节同样应以此为依据。知识图谱不仅使诗词创作教学脱离小众、偶然范畴,也成为诗词创作乃至古诗文学习的重要参照。

2. 多样的学习支架

多样、有效的学习支架既可在一定程度上降低学习目标难度、强化学生学习意愿,也可避免偏离和误解,使学生收获真正的学习成果。供参考的范例、在教师的支持和学生的交流下形成的创作评价标准,以及学生之间的交流点评,均可作为学习中的支架,助力学生实现更具积极性与个性色彩的主动学习。

3. 多维主体参与

本案例以学生为学习主体,遵循其需求,尊重其个性,教师的支持则在学生有疑问和困难时凸显。学生的主体性、教师的引导力在线上线下融合,有效提升了学生的核心素养。

4. 多变的学习模式

改变学习环境,将线上线下教育融合的意图在于由外向内改变学生的学习行为,培养学生积极自主的学习态度。创作类任务在过往的语文教学中并不鲜见,但其学习过程往往呈现为"课堂布置—教师评价—择优反馈",很多学生既难以参与评价环节，也难以在反馈环节获得对于自身创作有益的过程性指导，其态度往往表现为茫然、敷衍与漠视。线上学习环境的创设既为学生提供了完善个体知识和获得针对性评价的充分机会，也为学生提供了参与评价和质疑的良好渠道，有利于学生将被动化为主动，将结果导向学习转为过程导向学习。在诗歌创作方面相对薄弱的学生将因所得到的有效指导而强化学习的参与感，提升获得感；在诗歌创作方面有才能者更可在具体情境和线上学习过程中达到“百尺竿头更进一步”的效果，获得符合其自身需求的提升，从而对于诗歌创作怀有更大的热情、积极探索的充分意愿与能力。

四、效果反思

立足“双新”改革的过程，落实培养学生核心素养的目标，笔者大胆开拓、深入思考、谨慎实践。由于诗歌创作类任务在以往的高中语文学习中相对少见，教师并非皆具有在多种情境下指导不同学生完成诗歌创作任务的专业经验。在此条件下，笔者努力尝试利用信息技术实施教学，收获了一些成效，当然也存在不足。

（一）局限与不足

本研究组通过访谈调查形式，对学生在学习过程中对相关学习模式的认知度和期待进行了深入的了解。由学生反馈可知，多数学生对于该种线上线下融合且贴近具体情境的学习模式有较高的好感度和接受度，也能够较为熟练地完成整个流程，但也有近三成的学生提出了自己的思考，包括对诗词和语用知识图谱层级构建的个性化质疑，以及对自测学习资源精准反馈的进一步期望。简而言之，想要更有针对性地改变学生学习模式，形成有效自主学习，立足学生认知规律的知识图谱需要有接受度更高的体系架构，要允许学生依照自身知识体系对疑难关键点进行“标红”提示以及重组，从而便于学生个性化、针对性学习。同时，对于每一次作为学习准备的自查，学生也期待能够得到更迅速直接的、对于每一个错误答案的简单反馈，从而能够迅速将注意力集中至需掌握的关键点，避免简单重复造成的错误印象深化。

（二）改进设计

目前笔者已着手实施两项改进计划，一是在线上平台的个人页面中增设标注功能，以便学生将学习中发现的自身缺失的知识点进行收藏标注，助其全力

“通关”；二是逐步开发学生端输入功能，鼓励学生在自测作答中对错处进行“备注”，从而使学生更充分地参与整个学习过程，也更有效地实现学生的自主学习和交流学习。

参考文献

[1] 赵凌云，胡中波. 数字化：为智能时代教师队伍建设赋能[J]. 教育研究，2022，43(4)：151-155.

[2] 邢西深，胡佳怡，管佳. 新时代的基础教育数字化：发展动因、基本特征和实践进路[J]. 中国电化教育，2022(12)：107-113.

[3] 朱于国. 学习任务群框架下的语文知识图谱[J]. 语文建设，2022(15)：4-10.

[4] 王宁. 高中诗词教学中的“景”与“情”[J]. 中学语文，2023(27)：30-31.

[5] 李佼阳. 高中语文古诗词教学情境创设研究[D]. 郑州：河南大学，2019.

[6] 谢碧玉. 信息技术环境下的高中语文古诗词教学优化策略[J]. 名师在线，2023(3)：85-87.

[7] 何昌霞. 信息技术在高中语文古诗词教学中的应用[J]. 中学课程辅导(教师通讯)，2020(7)：89.

[8] 赵航. “双新”背景下高中语文内容与教学策略析谈[J]. 高考，2022(32)：15-17.

[9] 蔡秀华. “双新”背景下高中语文有效教学策略[J]. 中学课程辅导，2023(12)：69-71.

[10] 田序平. “双新”背景下作业创新设计的实践研究——以高一年级诗歌教学单元为例[J]. 现代教学，2023(17)：37-38.

信息化赋能高中英语读写课堂的实践尝试

柴楠平

一、实践背景

英语教师都知道，语言来自交互需求，没有交互的需求，就很难有地道的语言产生。人们也正是在交互的场景中慢慢习得语言的。长期以来，高中学生的英语水平差异大，但英语教学节奏快，这使得英语教师往往只会“抓、背、默”“盯、关、跟”，批改海量的作业，放松了对学生的引领，忽视了语言教学的规律和有效性。简单的重复教学让学生对于语言学习疲惫不堪，反复的操练让他们早早进入了对语言学习望而生畏的状态。

笔者在一线教学中发现，英语教师往往将教材和试卷作为学生的语言输入源，通过简单设计语言学习活动来推进语言学习。英语教师往往着重纠错和解释语法现象，而学生的语言表达往往呆板、僵硬，拓展性差。此外，教师疏于对学生阅读习惯的培养与学生本身对于阅读的忽视也大大降低了学生语言表达的成熟度、思维层次和水平，以及对语言学习的兴趣。长期运用该类型教学模式，终将无法在新课程新教材(以下简称“双新”)背景下培育学生的学科核心素养，无法培养符合时代需求的语言学习者。

“信息化＋课堂”概念的提出让英语教师看到了希望，信息技术的融入为传统课堂提供了助力，许多渴望改变传统课堂生态的教师在此背景下做了很多有益尝试，优化了教学流程，引入了新鲜的教学方法。

二、实践目标

信息化赋能英语教学旨在探索信息技术融入英语教学的实用途径，结合教学有效性要求和学生语言习得的需要，运用简单、易操作的教学方式，优化课堂教学，回归语言教学的初衷，助力学生语言能力的发展。

具体来说，信息化教学聚焦助力教师高效备课、授课，助力学生有效学习、总结等方面。要让传统的英语教学环节在“双新”背景下更符合学生核心素养培养的要求，即将强调背诵默写、关注语法的细枝末节、照本宣科等扭转为回归语言本身，关注学生的语言习得能力，锻造学生的学习能力。教师可以在备课、授课、课后与评价四个环节设计使用信息技术。

① 将信息技术落实在备课环节。教师可将厚重的纸质词典升级为内容覆盖多种权威纸质词典的电子词典，在查词方便的同时也可以提升备课效率。同时查阅多种词典，可以更好地掌握词汇的搭配和用法。

② 将信息技术落实在授课环节。在学生的移动终端和教室装配的多媒体设备上装载符合学生学习认知水平的电子词典软件；运用信息技术对外语刊物上的或其他来源的英语阅读材料进行加工、处理，满足学生的课外阅读需求，拓展学习内容。

③ 将信息技术落实在课后环节。延伸学生的语言学习时空，创设网络学习共同体，为学生深度学习英语搭建平台，为学生提供可持续学习研究的学习素材和研讨空间，彻底扭转学习方式。

④ 将信息技术落实在评价环节。用过程性评价帮助学生树立正确学习观，引导学生由关注分数转向关注个人语言水平的提高，提升学生的学习幸福指数。

三、实践探索

(一) 信息化助力语言能力提升：善用多本电子词典备课，以权威例句浸润学生

语言学习离不开词汇学习，而词典作为词汇学习的“利器”往往被推崇。纸质词典的厚重与翻阅不便的问题已基本被电子词典解决。目前，电子词典已经有了翻译笔、语音识别的形式，能够更高效地解决词汇学习问题。但不得不承认，这也滋生了新的问题。有的学生有了电子词典后，在做作业，甚至是参加测验时会选择使用翻译笔直接对英语文本进行识别、翻译，答题时只求答案，不求甚解。还有的学生只查单词的汉语意思，不顾词性、搭配等语用信息，以至于对词汇本意形成误解。这些对于英语学习来说是灾难性的错误，容易导致学生进入只会做题、不会应用的“死胡同”。

高质量的英语词典是英语教师必备的参考书。为使英语教学提质增效，教师要善用电子词典备课，将词典上的例句灵活转化成课堂上的活知识，在课堂上

将权威、丰富的例句原汁原味地呈现给学生，引导学生从词典中直接学习，体会词汇的意义与用法。

在备课与授课的过程中，教师使用装载“欧路词典”APP（应用程序）的平板电脑或智能终端，导入权威辞书文件，就可以轻松地在课堂内外给予学生地道的示范和专业的帮助，极大地提升学生的学习效率。“欧路词典”内置的权威例句、词语用法和图片等相较于教师费心费力制作的PPT（演示文稿）更为直观。教师授课时借用词典讲述问题的做法也会正向帮助学生培养正确的语言学习习惯，帮助学生把知识从课堂内迁移到课堂外。

（二）信息化培植思维品质：选用海量第三方应用，以学习材料搭建“脚手架”，托举学生

信息技术的灵活运用在培植思维品质方面有着不可替代的作用。语言能力的高低与思维品质的高低有关，而学习语言的过程就是提升思维品质的过程。在教师的引导下，学生可以使用数字化工具和资源进行探究式学习，可以根据实际情况开展项目式学习，通过合作、探究、解决问题等方式，在学习课本内容的基础上，走出课堂，在真实生活环境中学习，从而培养解决问题的能力、批判性思维和创新思维。

从语言学习的角度而言，语言能力的提升往往通过“阅读加反思”并辅以教师的引导与帮助来完成，因此教师可以将以教师为中心的教材转化为以学生为中心的学习材料，在信息技术的助力下，跳出大班的统一化教学模式，转向更为个性化的教学。对于有信息技术助力的课堂而言，每一名学生的学习材料都可以是不同的，学习节奏、学习内容、学习方式都能实现个性化，教师只需要根据学生的实际学习水平推荐合适的学习材料，并对学生提出的问题进行解答。

下文列举了信息化助力英语阅读课的探究实例。教师通过编制学习材料，将词汇学习、思维训练、学习工具、同伴互评等内容合成为一份任务单（表1），学生课前领到任务单后，在移动终端上找到适合自己水平的阅读素材，便可开展自主学习。教师完成课文教学后，组织学生对课文的文本内容进行深入探究，以“网络百科全书”——维基百科（Wikipedia）为学习素材，让学生输入关键词，开展自主学习。学生完成自主学习后，教师在课堂中让学生分享交流学习成果。在学生借助平板电脑等移动终端进行成果展示的过程中，教师嵌入指导性教学，完成对学生及小组的个性化指导，在完成语言教学的前提下，实现对学生思维品质的培育。

表 1　Pad-Assisted Extensive Reading Class Task Sheet

<table>
<tr><th colspan="4">Basic Information</th></tr>
<tr><td colspan="4">Group Number and Leader's Name:</td></tr>
<tr><td colspan="4">Learner's Name:</td></tr>
<tr><td colspan="4">News' Title and Its Section:</td></tr>
<tr><td colspan="4">Publication Date:</td></tr>
<tr><th colspan="4">Treasures in News and Wikipedia
(Expressions worth sharing)</th></tr>
<tr><td colspan="2">Original Expression</td><td colspan="2">My Understanding</td></tr>
<tr><td colspan="2">1.</td><td colspan="2"></td></tr>
<tr><td colspan="2">2.</td><td colspan="2"></td></tr>
<tr><td colspan="2">3.</td><td colspan="2"></td></tr>
<tr><td colspan="2">4.</td><td colspan="2"></td></tr>
<tr><td colspan="2">5.</td><td colspan="2"></td></tr>
<tr><td colspan="4">News Reporting Sketch (Mindmap is recommended)</td></tr>
<tr><td colspan="4">Deep Study Reporting Sketch (Mindmap is recommended)</td></tr>
<tr><th colspan="4">Evaluation Part</th></tr>
<tr><td colspan="4">Self Evaluation: Reflect on your performance in several sentences and grade yourself (A+/A/A−; B+/B/B−; C+/C/C−)</td></tr>
<tr><td>Concentration</td><td>Participation</td><td>Contribution</td><td>Presentation</td></tr>
<tr><td></td><td></td><td></td><td></td></tr>
<tr><td colspan="4">Peer Evaluation: Ask at least two of your group members to give you a grade(A+/A/A−; B+/B/B−; C+/C/C−)</td></tr>
<tr><td>Concentration</td><td>Participation</td><td>Contribution</td><td>Presentation</td></tr>
<tr><td></td><td></td><td></td><td></td></tr>
<tr><td colspan="4">Teacher's Evaluation (Leave it to your teacher)</td></tr>
</table>

* Comments from others: You can invite group leaders from other groups to comment on your paper work after class and make some changes if necessary.

** "A+/A/A−; B+/B/B−; C+/C/C−" symbolizes the level of satisfaction. "A" is "the most satisfactory", "B" is "moderate", "C" is "not satisfactory at all".

（三）信息化助推文化意识培育：选用多样翻译习作范文，以网络学习共同体激励学生

文化意识的提升靠的是长久的文化浸润与强烈的学习动机。在实际教学过程中，教师很难找出整段时间去培育学生的文化意识，甚至有些教师在进行教育决策时，将文化意识的培育放在次要位置。教师不可能通过一次授课完成对于学生文化意识的完整培育，但如果不培育文化意识，就只是在为社会提供读书的“机器”而已。因此，教师需要树立对于文化意识培育的正确认识和观念，在实践中探索文化意识的培育方式。在信息技术的助力下，文化意识的培育变得更多样、多元。

对于英语翻译教学来说，如何让教师善于在翻译教学中优化文化意识的培育是一件值得深究的事情。在信息技术普及的当下，通过网络给学生提供多样的翻译文本与名家译作变得轻而易举，组织学生进行线上研讨也并非难事。为了高效地给学生提供学习平台，教师应尝试构建网络学习共同体，真正将提升学生英语核心素养作为立德树人的手段和途径，帮助学生在翻译学习中找到英语学习的真正目标：用英语讲好中国故事、传播好中国声音。

1. 通过网络平台，给学生推送权威的学习文本

要培育学生的文化意识，当然不能脱离课堂。教师需要从文本中找到其与文化意识培育的关联，而英汉互译的教学显然是联系二者的一条路径。它综合了英语的听、说、读、写、看五大能力，其目的也是英语学习的终极目标之一——用英语向全世界讲好中国故事。信息化赋能教育给教师选择文本提供了广阔的空间，教师除了能实现与考试相关的简单教学，可以更多地将目光投向更广阔和更真实的语言空间。

学生在完成基础的课文学习后，通过接触教师提供的与课文主题或词汇相关的翻译内容，更深刻地理解新文本。在此基础上，学生通过网络平台，对教师提供的可供深度学习的翻译内容进行深入探究，从而提升语言理解与运用水平。

给予学生多样的翻译习作范文或名人名家的翻译作品有助于提升学生所学语言的品质，鼓励学生模仿与学习地道的语言，并创作出属于他们自己的翻译文本，增强学生的获得感。

2. 通过信息化、专业化的工具，帮助学生多角度认知语言学习

除给学生提供优质文本范例之外，信息化教学的不断深入给英语学习带来了更多可能。对于翻译教学而言，让学生从好词好句中不断积累词汇、提升翻译能力已经可以通过计算机软件和手机 APP 等进行。教师还可以把专业化语言

学习所使用的语料库嫁接到高中英语翻译学习中，为学生提供专业化的学习体验机会。例如，AntConc（语料库检索软件）与 Microsoft Office Excel（电子表格软件）配合使用就能达到较好的整理与学习语料的效果，让学生从高中起便使用专业化语言学习工具提升英语学习能力，培养英语学科核心素养，从而提升整体的英语学习水平。

3. 通过构建网络学习共同体，为学生提供学习翻译的平台

为了培养终身学习者，教师不应过分代替学生思考，翻译教学也是如此。通过使用信息技术，教师在深度学习平台上构建网络学习共同体，为学生自主开展语言学习搭建交流和展示平台。网络学习共同体的交互，能够迅速地调动学生学习热情，增强学生学习动力，拓展学生学习空间，深化学生对语言的认识，提升学生语言表达能力。

信息化助力翻译课堂会让翻译教学更全面与深入地开展。翻译永远没有标准答案。所谓翻译便是对语言不断认识，不断提升、转换表达的过程，会随着时代的变化而变化，这是一个螺旋上升的过程。因此，教师不应轻易规定标准答案或最佳文本，而应在一定时间或空间内找到最优解，给予学生一种可参考的范式。信息化为翻译教学提供了更贴近其本质的教学方式。

四、效果反思

信息化助力英语读写课堂为英语教师提供了更多的选择与方法。对语言学习本身而言，信息化助力英语读写课堂最突出的两个优势是有助于形成个性化的教学节奏与提升学生学习能力。在此基础上，学生的英语学科核心素养（语言学习的核心）将得到培养，语言能力也将得到全方位提升。

将电子词典运用于教学的各个环节，这几乎以零成本的方式解决了教师备课、授课和学生参与课堂、训练语言的核心问题。特别是对于英语读写教学而言，电子词典的应用有助于教师进行课堂演示和学生参与课堂，这将在很大程度上帮助学生提升语言能力，从而学好语言。

在信息技术的支持下，推送适合学生水平的外语刊物、电子阅读语料及各类教学 APP，作为教材的补充，既节省成本，又为教师和学生提供了更多选择，开拓了他们的视野。教师通过提供符合学生现有水平的学习材料，引导学生从词汇、大意、细节等多维度入手，指导学生通过移动终端提升对于文本、语义的认识和体会，学会更地道、常见的语言表达方法和风格。

在学习共同体的构建过程中，学生能感受到语言学习的责任感和使命感。

学生可以通过网络搭建起属于自己的学习空间，将优质的翻译文本转化为自己可学可用的学习素材和资源，并在学习中将其内化，假以时日，便容易形成真正有益于自身学习的学习方法。

在实际的信息化赋能课堂的过程中，难免出现问题，主要集中在三个方面。第一，教师的教学惯性比较大，由于课时进度等因素，容易省略学生的学习过程，例如，不鼓励学生使用词典或者将正确答案直接告诉学生。第二，教师关注课内多过课外，关注考试多于阅读本身。有的教师不定时向学生推送阅读材料，但不关注学生的阅读过程，只将阅读等同于考试，规定时间、设置标准和考核题目，导致学生失去学习兴趣。第三，学生在语言学习中关注分数提升的功利性态度，导致英语教师脱离备课和授课初衷。学生以考纲衡量阅读材料的有效性，先入为主地将阅读材料降级为课外读物，不重视课外阅读的现象颇为严重，从而导致教师不愿投入时间和精力进一步深化信息化教学。

未来，信息化将以更高的匹配度融入课堂，能够从多层面赋能语言课堂，让一线教师获得更高效和便捷的备课和授课体验。深化信息技术的运用有益于学生语言习得能力的培养，让语言学习重新在学生的兴趣中占据一席之地，从而助力教师提升学生核心素养。

参考文献

[1] 杨阳. 信息化背景下利用互联网优化高中英语阅读教学的策略[J]. 中国新通信，2024，26(9)：203-205.

[2] 盛文. 基于“互联网+教育”的高中英语高效课堂的构建研究[J]. 中国新通信，2022，24(10)：200-202.

[3] 林碧霞. 教育信息技术与高中英语课堂教学的有效融合[J]. 教育教学论坛，2020(3)：387-388.

[4] 李洁. 信息化教学技术和模式在高中英语教学中的应用研究[J]. 英语广场，2019(11)：160-161.

[5] 张黎. 信息技术辅助下的高中英语精准教学[D]. 济南：山东师范大学，2018.

[6] 孙乔媛. 翻转课堂在高中英语阅读教学中的应用研究[D]. 济南：山东师范大学，2018.

[7] 罗万丽. 浅谈新媒体背景下高中英语信息化教学的运用[J]. 英语广场，2017(2)：160-161.

[8] 林思杏. 高中英语信息化课堂教学的师生互动研究[D]. 桂林：广西师范大学，2016.

[9] 孙富梅. 浅谈信息化的高中英语课堂教学[J]. 中国信息技术教育，2014(16)：68＋70.

[10] 刘盈盈. 探讨信息化教学对高中英语教学的促进作用[J]. 中国教育技术装备，2012(7)：7-8.

技术支持下的高中英语课堂学习活动变革

张　露

一、实践背景

（一）政策背景

随着《教育信息化2.0行动计划》的落地，教育信息化逐步升级。同时，大数据时代的到来，给人们的学习和生活带来了巨大的影响，因此课堂教学也经历着前所未有的大转变。如何顺应时代的潮流，如何将信息技术有效、切实地与传统课堂相结合，成为当下教育领域中非常重要的课题。根据《普通高中英语课程标准（2017年版2020年修订）》，高中英语教学应重视现代信息技术背景下教学模式和学习方式的变革，促进信息技术与课程教学的深度融合，选择恰当的信息技术和多媒体手段，确保信息技术的应用有助于促进学生的有效学习和英语学科核心素养的培养与发展。因此，笔者先后对“纸笔课堂”信息化赋能模式和平台支持下的平板教学进行了初步探索与比较，希望找到更加适合高中英语课堂的信息化赋能模式，提升课堂教学效率，实现信息技术的高效助力。

（二）教学背景

本文提出的“纸笔课堂”模式主要是指以点阵笔为媒介手段，进行课堂教学探索。点阵笔可利用数字光学点阵技术，在普通的纸张上印制一层数字点阵。与普通笔外形无异的点阵笔的前端配备高速摄像头和压力传感器，能够将位置、轨迹、压力等各种数据传回处理器进行处理，最终将书写轨迹还原重现。以点阵笔为媒介手段的“纸笔课堂”，既可保留学生使用传统纸笔书写的习惯，又能实现书写在时间与空间上的同步远程共享。

“深度学习平台”支持下的平板教学则采用平板电脑这一教学工具，在课堂中应确保学生人手一台平板电脑，将平台作为学生与教师的联系媒介，进行教学尝试。“深度学习平台”能让教师完成课堂主题的设计和创建、教学班级的设置、小组的分配、学习环节的设定、任务的设计和实施、学生自评与互评的开展等，如图 1 所示。

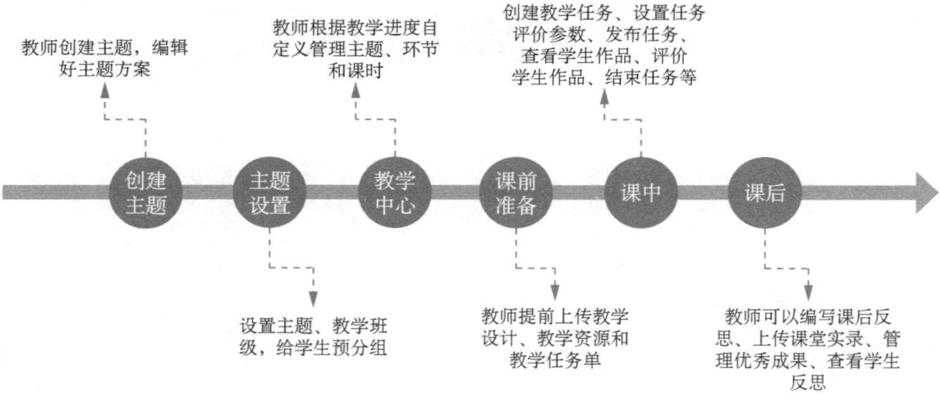

图 1 “深度学习平台”的功能

本文将以高中英语课堂中的“纸笔课堂”和“深度学习平台”支持下的平板教学为例，探索研究信息化赋能课堂的有效应用，同时也希望通过对二者的简单比较，促进教师更好地选择适配的信息化赋能手段，为信息技术高效助力课堂教学尽绵薄之力。

二、实践目标

(一) 变革英语学习活动观

英语教学往往容易陷入“死记硬背”的固化模式，学生的学习兴趣往往容易在背诵和记忆中一点点丧失。因此，笔者希望通过使用信息化手段，激活课堂，让学生能真正“动”起来，在信息技术的赋能下，真正落实英语学习活动观。

(二) 驱动学生深度参与课堂

由于学生学习英语更像是学习一种“工具”的使用方式，教师如果想要落实学生的深度学习，就需要驱动更多学生深度参与课堂。笔者初步设想将点阵笔与思维导图相结合，让每名学生的思维导图都能更加直观；或通过将平板电脑与“深度学习平台”有机结合，将部分的课堂教学时间前置或后移，以此让课堂中的讨论与探索更加深入。

(三) 实现高效教学

英语学科教师往往要批改很多作业,在当今的信息化时代背景下,教师可以通过某一具体的信息技术手段,更快地完成批改任务,且能够更好地获取学生作业和测试情况。笔者希望通过使用点阵笔,实现高效教学。

(四) 促进课堂即时评价与反馈

如果教师能第一时间看到并评价学生针对问题的回答,如果在课堂评价中,不仅有教师评价,还有生生互评,且能实时共享,是不是更能实现将学生作为课堂主体的目标?笔者希望通过使用信息技术,更好地促进课堂中即时评价的生成,实现教学评一致。

三、实践探索

(一) 激发学生学习动力,践行英语学习活动观

《普通高中英语课程标准(2017 年版 2020 年修订)》明确活动是英语学习的基本形式,是学习者学习和尝试运用语言理解与表达意义、形成学习能力的主要途径。因此,在日常的英语教学中,英语课堂需积极践行英语学习活动观。而在信息技术的支持下,英语学习活动观的落实可以更加多样化。

本文以沪教版高中英语必修教材第三册第 2 单元的“Reading and interaction”板块中的“Reading: The story of a T-shirt”为例。本篇课文讲述的是一件普通 T 恤(T-shirt)经历的从棉花种植、工厂制作,到折扣商店的售卖、二手商店的二次售卖过程以及这一过程对环境产生的巨大影响。笔者在学生快速浏览全文并了解了 T 恤的制作与售卖“旅程”后,要求学生绘制 T 恤的制作与售卖路线图。这一活动的目的是检验学生是否了解 T 恤的制作与售卖路线,即学生是否已对文章的大意(general idea)有了初步的认识。教师可以通过该活动中学生的路线绘制情况,判断学生对此前学习任务的落实情况,并为布置下一个任务做好足够的铺垫。

该任务类似于绘制思维导图,借助点阵笔,每一名学生均可以在提前准备好的印有地点图片的点阵纸上绘制出 T 恤的制作与售卖路线。在学生绘图时,教师通过一体机屏幕可以观察到每一名学生的绘制情况,如速度、准确性,以及绘制过程中是否对某条路线有所犹豫等。而已经完成任务的学生,也可以通过一体机屏幕看到其他学生绘制的路线,与自己所绘的路线进行对比,继而检查修

正，从而达到同伴互助的效果。由于教师可以观察到学生绘制的路线，教师能够迅速判断出学生从哪个步骤开始没有正确理解课文内容，从而根据学情进行教学调整。

与平板电脑相比，点阵笔在该任务中的优势相对明显。如果该活动依托平板电脑完成，则多了学生拍照上传图片的步骤，且教师端观看到的是学生绘制的最终路线，无法观察到学生绘制的速度和过程。

与传统课堂不同，采用交互模式的课堂因其新颖的形式，能够激发学生的积极性；又因其实时互动的特性，教师可以通过整合课程内容，为学生设计有情境、有层次、有实效的英语学习活动，能够践行学习活动观，更能够促进同伴互助，帮助学生发展多元认知能力。

（二）前置学生课堂讨论，驱动学生深度参与课堂

所谓深度学习，是指在教师的引领下，学生围绕具有挑战性的学习主题，全身心积极参与、体验，获得发展的有意义的学习过程。因此，给学生设置真实的学习场景或任务，帮助学生在课堂中调动元认知，有助于学生主动调整英语学习策略，深度参与课堂。

例如，沪教版高中英语必修教材第二册第 4 单元的“Cultural focus”板块的内容是三位大器晚成的成功人士的故事。因此，教师在布置课后作业时，通过“深度学习平台”给学生布置讨论问题“Failure is the mother of success. Do you agree that failure will definitely lead to success”，学生在平台上各抒己见，同时也可以对其他同学的回答点“赞”或“踩”。

在进行下一课时的授课前，学生已经浏览了其他同学的观点，也有了更多思考。因此，在下一课时的课前 10 分钟，教师便可以安排学生分享点“赞”或“踩”的原因和自己的观点。教师在课堂中的点评也是在课前浏览了所有学生的作业后进行的。

通过“深度学习平台”，将课堂的部分讨论时间分别“后置”及“前移”到课后和课前，能提前让学生和教师阅读观点，从而让学生在课堂中拥有更多时间进行观点碰撞，促进学生深度参与课堂，激发学生的深度思考。

与点阵笔相比，“深度学习平台”支持下的平板电脑在前置的学生课堂讨论中表现更优。通过利用平板电脑在“深度学习平台”上点“赞”或“踩”，学生能够在课前就深度参与讨论，并能在课堂中迸发出更多的思维火花；而点阵笔的优势在于笔记的路径展示。因此，在使高中阶段的学生深度参与课堂方面，平板电脑的可操作性和实用性更强一些。

(三) 优化教材学习任务,实现高效教学

信息技术不仅能被应用于英语课堂教学任务中的具体环节,还能被有效应用于习题讲评。传统的习题讲评依赖于教师的批改与教师的经验。而以"纸笔课堂"和平板教学为代表的信息化教学,可以帮助教师提升教学效率,也能更好、更精确地利用大数据,进行题目的筛选与重难点的选择。

以点阵笔工具为例,点阵笔被装在笔盒中,而笔盒则是一个带有小型显示器的答题器。答题器共有 A、B、C、D、E、F、O、X 八个按钮,可以实现课堂互动,如图 2 所示。

图 2　点阵笔盒与点阵笔

以往教师在组织当堂练习和测验时,往往有两个选择。第一,当堂直接讲评,优点是即时性强,学生印象深刻,效果好;缺点是教师很难完全掌握学生的正答率情况,因此在把握讲课的详略时未必非常准确,难免会浪费一些课堂时间。第二,课后批阅,第二天反馈讲评,优点是教师批阅后,大致对学生的易错题有了更精确的了解,能够更精准地定位学生的疑难杂症;缺点则是讲评略有滞后,尤其是英语学科中有大量的阅读理解题目,学生到了第二天很容易遗忘自己前一天作答时的判断依据等。而在点阵笔盒的帮助下,教师可以即时让学生通过点阵笔盒的答题器进行课堂互动,迅速掌握学生的答题情况,高效进行讲评。如果习题量大,也可以运用点阵纸,学生在点阵纸上答题(书写方式与在普通试卷上答题一致),系统会自动识别学生选择的答案,并迅速通过后台处理数据,教师可以在一分钟内迅速获得所有学生和所有题目的正答率,从而高效讲评。

当然,平板电脑同样也可以实现类似的功能。只需要提前在"深度学习平台"上设置好任务,便可以迅速获得学生的答题情况。其实,类似的平台有很多,比如"问卷星"等,但无论是使用平板电脑还是"问卷星",都需要学生通过键盘输入答案,这对于学生的日常学习生活总是有些干扰。点阵笔在该方面的优势主要在于学生在课堂中可以不依赖于移动终端,不用打字,直接用类似于普通笔的

点阵笔手写答案，模拟真实的学习环境，也避免了移动终端进入校园和课堂后可能带来的其他弊端。点阵笔的劣势则在于目前点阵笔的识别率还不是非常高。因此，点阵笔与平板电脑两种信息化工具各有优劣。

（四）完善课堂教学评价，促进学生核心素养发展

完整的教学活动包括教、学、评三个方面。信息技术的应用不仅在于教师"教"的过程和学生在课堂上"学"的过程，还应体现在课堂的评价上。

例如，利用点阵纸和点阵笔进行课堂数据的收集，组织和引导学生完成以评价目标为导向的多种评价活动。前文提到过的路线图的绘制活动中，有生生互评与教师评价环节。在生生评价环节中，学生比较他人与自己绘制的路线图，对于自己的逻辑体系产生思考，同时能够互相取长补短，进一步培养自己的创新能力、学习能力与思维品质，提升英语学科核心素养。

使用"深度学习平台"并在平板电脑上进行课堂评价也在很大程度上促进了课堂评价效果提升。例如，笔者在进行沪教版高中英语必修教材第二册第 4 单元视频课教学（viewing）时，在课堂的"post-viewing"环节设置了一项模拟面试的小组活动，并邀请了三组代表上台进行展示。每组学生展示后，全班学生对其进行打分。打分量表与标准均已在课前完成设置，在课上发布。学生可以根据自己的直观感受和客观分析，对小组进行打分和评价。表 1 所列为本节课的小组评价量表，图 3 所示为教师端收集到的实时分数统计，图 4 所示为学生对某一组的评分和评语。

表 1　小组评价量表

Criteria	A（3 points）	B（2 points）	C（1 point）
Overall impression	I really like the interview	I generally like the interview	I don't like the interview
Content	Very informative	Average	Too simple
Language accuracy	Accurate	Basically accurate	Too many mistakes
Language fluency	Fluent	Basically fluent	Not fluent
Body language	Very impressive	Average	Too stiff（僵硬的）

序号	姓名	师评	他评	自评
1	01 [redacted]	0	14.67	0
2	02 [redacted]	0	13.69	0

图 3　教师端实时分数统计

序号	分组	姓名	评分	评语
1	1组	[redacted]	15	Good
2	4组	[redacted]	14	nice but still have a few mistakes in language
3	6组	[redacted]	15	Good
4	8组	[redacted]	12	Great
5	8组	[redacted]	15	Good
6	9组	[redacted]	15	15
7	9组	[redacted]	15	nice

图 4　学生对某一组的评分和评语

传统教学只能让教师通过效率相对低下的课堂抽问、教师巡视、课后批阅作业等方式了解学生的学习情况，而利用点阵笔或平板电脑等工具，教师可以更加高效地掌握学生的学习过程，检测教与学的效果，实现以评促学，以评促教。

四、效果反思

信息技术的优势是非常明显的，如提升课堂效能、践行学习活动观、帮助学生更高效地获取课堂生成性资源、驱动学生深度学习和助力教学评一致等。

在具体比较点阵笔与“深度学习平台”支持下的平板电脑后，笔者认为，在提升课堂效能和践行学习活动观方面，二者均有优势。点阵笔的优势在于过程与路径可视化，而平板电脑的优势在于兼容性更强。平板电脑不仅可以运行“深度学习平台”，还可以与多种学习工具相结合，比如可视化资源可以通过平板电脑播放、电子词典软件可以在平板电脑中安装。学生只需要一台平板电脑就可以完成多项任务，甚至是多种任务。

在促进和激发学生在课堂上的深度思考方面，“深度学习平台”支持下的平板电脑更具可操作性。教师可以通过平台，将需要思考的学习任务移至课前，节约课堂时间，将更多课堂时间留给学生进行深度思考。

在教学评价的环节中，点阵笔与平板电脑也各有优劣。平板电脑能快速处理数据，显示结果；点阵笔在生生互评环节中也有用武之地，如对学生作品进行加工处理，这是“纸笔课堂”的优势所在。

当然，目前由于点阵笔的文字识别率还不尽如人意，在需要书写文字且识别正确率的活动中，点阵笔还无法作为首选工具。

在高中阶段的英语教学中使用信息化教学手段，有一定的实际意义，它不仅能激发学生的学习兴趣，更好地落实学生的学习活动观，也能在一定程度上将课堂真正还给学生，满足学生的个性化发展需求，促进学生深度思考，并在课堂中落实教学评一致，促进学生的学科核心素养发展。当然，目前由于点阵笔对学生手写内容的系统识别率较低，对于高中这一学段的教学而言，其应用范围仍旧有限，希望未来能有更加智能、识别精度更高的技术手段加持，帮助“纸笔课堂”真正走进高中的英语课堂；也希望未来能开发出更多类似于“深度学习平台”的配套平台，帮助教师更高效地在课堂教学的各个环节中应用平板电脑。

参考文献

[1] 郭丽佳. 翼课网“纸笔课堂”支持下的初中英语写作课探究——以 Unit 3 I'm more outgoing than my sister Section B 3a—3c 教学为例[J]. 英语教师，2019，19(24)：60-63.

[2] 许艺峰. 纸笔数字书写系统，拓宽语文学习空间[J]. 四川教育(理论)，2020(20)：19+21.

[3] 曹娜. 打造小学信息技术高效课堂的教学模式分析[J]. 天津教育，2020(3)：125-126.

[4] 刘月霞，郭华. 深度学习：走向核心素养[M]. 北京：教育科学出版社，2018：32.

[5] 中华人民共和国教育部. 普通高中英语课程标准(2017 年版 2020 年修订)[S]. 北京：人民教育出版社，2020.

信息化环境下高中英语线上线下融合教学模式的实践探索

孙凌宇

一、实践背景

随着时代的不断发展，教育教学的改革也在不断推进。在信息化的大背景下，教育教学的方式在不断变化。作为一名高中英语教师，笔者深感教育教学面临的挑战和困境。

传统教学方式无法满足学生多样化的学习需求。每个学生都有自己的兴趣和特长，而传统的教学方式往往只能满足部分学生的需求。同时，教育资源分配不均也是一个严重的问题，一些地区的教育资源丰富，而另一些地区的教育资源则相对匮乏，这也会影响教育教学的质量。因此，我们需要寻找一种新的教学方式，以更好地适应时代，满足教育教学改革的要求，提高教育教学质量。

线上线下融合教学是当前教育领域的一种新型教学模式，它结合了传统课堂教学和在线教学的优势，能够更好地满足学生的学习需求。通过线上平台，学生可以自主选择学习内容、时间和方式，这给了学生更大的自由度，他们可以根据自己的情况安排学习。同时，教师也可以更好地了解学生的学习情况，及时调整教学策略，达到更好的教学效果。

英语是一门重要的语言学科，需要学生具备听、说、读、写等多方面的技能。在高中英语教学中进行线上线下融合教学的尝试，可以更好地培养学生的语言应用能力和跨文化交际能力。在线上教学平台，学生可以通过听、说、读、写的练习，提高自己的英语水平。同时，学生还可以接触到不同的文化背景，提高自己的跨文化交际能力。

因此，笔者决定在高中英语教学中进行线上线下融合教学的尝试，并已经开始做相关的准备工作。笔者相信，这种新型的教学模式一定能够带来更好的教学效果，提高学生的学习能力和综合素质。同时，笔者也希望更多的教师能够尝试新型教学方式，探究在“双新”和教育数字化转型的背景下如何有效开展高中英语线上线下融合教学，以满足学生学科核心素养培养和个性化发展的需求，推动教育教学的改革和发展。

二、实践目标

（一）打破时空限制，提升教学效能

线上线下融合教学是指将线上教学和线下教学相结合，充分利用线上学习平台和多媒体技术的优势，提供更丰富的学习资源和更多样的互动环境。它的产生和发展是由互联网技术的快速发展和教育模式的转变所驱动的。随着互联网技术的普及和发展，线上学习逐渐被纳入教育体系。

线上教学可以让学生在任何时间、任何地点进行学习，打破时间和空间的限制，从而提高学生的学习便利性和自主性。然而，线上教学也存在着互动性不足、缺少面对面交流的问题。

为了弥补线上教学的不足，教育界开始探索线上线下融合教学模式。该模式通过将线上教学和线下教学相结合，充分发挥各自优势，提供更全面的学习体验和教学支持。在线上线下融合教学中，学生可以通过线上学习平台获得大量的学习资源，如教学视频、互动教材，并进行在线讨论。教师可以利用线上学习平台辅助线下教学，设计个性化学习任务和评估方式，获得更好的教学效果。同时，线下教学可以提供实践环境和面对面互动机会，增强学生的实际操作能力和交流能力。

（二）助力合作学习，激发学习潜能

高中阶段是学生成长过程中的一个很重要的阶段，这个阶段的学生自尊心强，又渴望得到同伴的认可与帮助。在高中阶段，当学生在学习过程中遇到困难时，比起家长和教师，他们可能更愿意向自己的同学求助，因此合作学习在这个阶段就显得尤为重要。学生在课堂内生成问题，可以在课后向小组成员求助；在校高中生的学习任务较重，有些问题可能不能及时得到解决，学生也可以回家后在线上通过与小组成员共同讨论来解决问题。

此外，在互联网的帮助下，教师还可以通过组织学生进行小组讨论、英语演讲等活动，让学生在真实的语境中运用英语，提高他们的英语口语能力和听力。学生通过在线讨论、共同查阅资料或者线上提交作品的方式，获得了更多的实践机会。线上线下融合教学可以更好地激发学生的学习兴趣，提高学生合作学习的

能力。

（三）尊重个体差异，关注个性需求

课堂讲解是教师传授英语知识的重要途径。在传统的教学环境中，教师因为考虑到大多数学生的需求，再加上课堂时长的限制，基本都是一味地对学生进行理论知识的灌输，可能无法考虑到每一名学生接受、吸收知识的能力，导致教学效果并不理想。而在线上线下融合教学中，教师可以适当运用线上资源，如和教学内容相关的视频或者其他的延伸和拓展内容来辅助课堂教学。这样既能够增强课堂教学的丰富性，拓展学生的视野，也能够切实提升每一名学生对于英语知识的接受、吸收能力，激活学生的深度思维。

教师可以根据学生的英语水平、兴趣爱好和学习需求制订不同的教学计划和课程安排，使每名学生都能得到适合自己的个性化教学指导。同时，线上教学还可以实现教学资源的共享，使更多的学生能够享受到适合自己的优质教学资源，从而提高英语教学的效率和质量。

三、实践探索

（一）课前预习

课前预习是任何学习过程中都不可或缺的一部分，尤其在教育领域，它对于提高学生的学习效果和教师的教学质量具有至关重要的作用。通过预习，学生可以熟悉即将学习的主题，对难点和重点有所了解，从而在课堂上有针对性地学习。此外，预习还可以帮助学生建立知识之间的联系，为后续的学习打下坚实的基础。

以沪教版高中英语选择性必修教材第二册第 1 单元为例，其中的课文主要介绍了马克·吐温(Mark Twain)的职业选择以及他在择业过程中所遇到的一些困难。为了确保预习的有效性，教师精心挑选和制作了相关的学习资源，包括视频、音频、文本等(图 1)。这些资源的设计和制作充分考虑到课程内容和目标，以确保资源能够有效地帮助学生理解和学习新知识。在预习后，学生能够对于马克·吐温的基本信息有所了解。此外，学生也通过在线互动平台 WeLink、微信等对教师提出了一些问题，比如除了作家之外，马克·吐温还从事过什么职业。学生期待教师能在课堂上为他们答疑解惑。

通过线上线下融合的预习模式，教师可以及时了解学生的困惑和问题，以便事先调整教学策略，确保之后的教学效果。此外，这种互动也有助于建立良好的师生关系，增强学生的学习动力，提升学生的参与度。

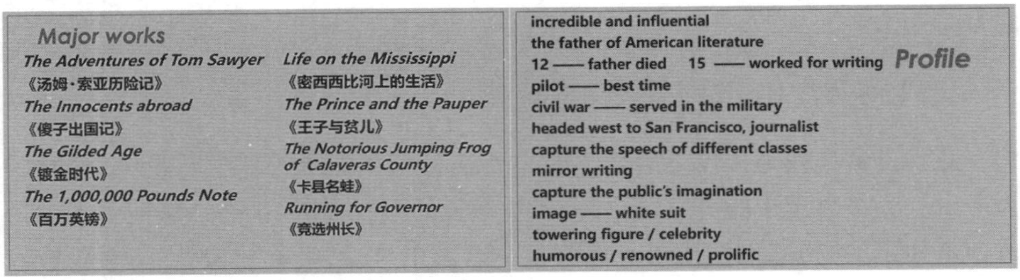

图 1 预习资源

(二) 课堂互动

在高中英语教学活动中，有效构建一体化的线上线下融合教学体系，需要充分发挥线上教学活动的支撑作用，为学生打造具有特色的英语学习空间，使学生在线下的学习活动中，能够对英语学习进行更加多元化的探索实践。从线上线下融合教学的角度，教师可以尝试创设在线教学情境，充分利用线上资源，让学生进行合作学习，以线上教学情境辅助线下对话交际活动的开展，引导学生结合具体的交际场景进行有效的交流和互动，进一步提升学生的思维品质，全面培养学生的英语核心素养。

本文以沪教版高中英语选择性必修教材第二册第 2 单元的课文 *Saved or Stolen* 为例。学生在课堂上充分熟悉课文之后，教师给学生布置了课后讨论作业（图 2），让学生以小组为单位进行充分交流，在线上学习平台的评论区发表自己的观点，第二天在课堂上一起评价哪个小组的观点最有说服力。

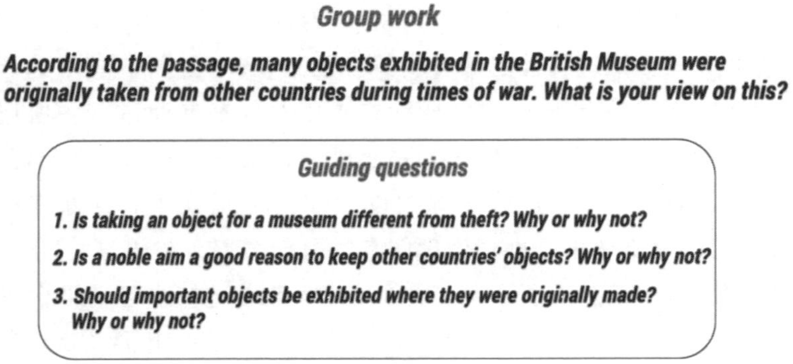

图 2 课后讨论

线上的小组观点如下。

Group A：I think taking an object for a museum without permission is the same as theft, because theft is the act of stealing. If the items are taken from other countries during times of war, like the Rosetta Stone, it is taken by illegal means. It should be considered as a crime, just like theft.

Group B: Maybe the British Museum thinks it is a noble aim to bring different cultures together, but it did not acquire them legally and even caused endless disputes and bad relationships with other countries. The result is far from satisfactory.

Group C: Of course, I think every country has its own treasures, and they are important to a country's history and culture. If a country wants its treasures back, it is quite natural. The British Museum has no reason to keep them any longer. On the other hand, the British Museum should be able to keep the exhibits under certain conditions, for example, when the original countries think that the exhibits can be better protected there.

学生在平台上激烈讨论,各抒己见。教师精心设计和组织线上线下相融合的教学活动,使学生积极参与课堂,培养了他们的团队协作精神,大大提升了他们的表达能力,学习效果也得到了显著提升。

(三) 课后辅导

在课后,教师采取一系列措施来帮助学生随时随地复习和巩固课堂所学知识。例如,利用教学资源(包括课件、作业、测试、专题微课视频等)帮助学生回顾课堂所学知识,并深化对课堂内容的理解。教师通过线上学习平台保持与学生的互动,了解他们对课堂内容的掌握情况。通过这种方式,教师可以及时发现学生在学习过程中遇到的问题和困难,并给予学生针对性的指导和帮助。同时,教师也会根据学生的反馈和知识掌握情况,不断调整和优化学习资源,以满足学生的需求和兴趣。

在传统写作教学过程中,教师很难在课堂内针对学生的问题进行个性化指导,但事实上由于不同学生的英语水平存在差异,单一的课堂写作教学会直接影响学生的写作水平,久而久之会导致学生缺乏学习热情与兴趣,自主探索与思考的能力不够强。大部分学生在写作时直接套用教师给定的文章模板,导致写出的文章大同小异。该种教学模式最终会影响学生的创造能力,不利于提高学生的写作素养。

教师可以通过屏幕共享(图 3),在线上对学生进行"一对一"的作文指导,通过激发学生思维,帮助学生真正学会使用更好的语言和更加合理的逻辑来丰富自己的写作内容。

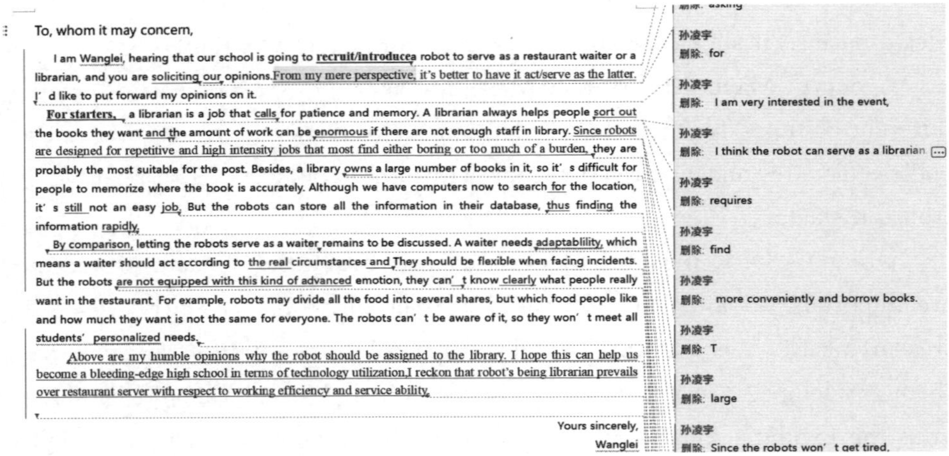
To, whom it may concern,

I am Wanglei, hearing that our school is going to recruit/introducea robot to serve as a restaurant waiter or a librarian, and you are soliciting our opinions.From my mere perspective, it's better to have it act/serve as the latter. I'd like to put forward my opinions on it.

For starters, a librarian is a job that calls for patience and memory. A librarian always helps people sort out the books they want and the amount of work can be enormous if there are not enough staff in library. Since robots are designed for repetitive and high intensity jobs that most find either boring or too much of a burden, they are probably the most suitable for the post. Besides, a library owns a large number of books in it, so it's difficult for people to memorize where the book is accurately. Although we have computers now to search for the location, it's still not an easy job. But the robots can store all the information in their database, thus finding the information rapidly.

By comparison, letting the robots serve as a waiter remains to be discussed. A waiter needs adaptablility, which means a waiter should act according to the real circumstances and They should be flexible when facing incidents. But the robots are not equipped with this kind of advanced emotion, they can't know clearly what people really want in the restaurant. For example, robots may divide all the food into several shares, but which food people like and how much they want is not the same for everyone. The robots can't be aware of it, so they won't meet all students' personalized needs.

Above are my humble opinions why the robot should be assigned to the library. I hope this can help us become a bleeding-edge high school in terms of technology utilization.I reckon that robot's being librarian prevails over restaurant server with respect to working efficiency and service ability.

Yours sincerely,
Wanglei

图 3　屏幕共享

此外，教师还可以将课堂内容的总结、相关练习题等上传到线上学习平台，课后可以通过“问卷星”等平台收集学生的作业，了解学生的正答率，同时积极保持与学生的互动，及时给予学生反馈和指导，为学生提供一个良好的复习环境，确保学生在整个学习过程中得到充分的指导和支持，帮助他们更好地理解和掌握课堂所学知识，从而达到教学目标。

四、效果反思

线上线下融合教学具有许多优势，包括增强学习灵活性、丰富教学资源和增加个性化学习的机会。经过一段时间的实践，笔者发现线上线下融合教学在一定程度上提高了英语教学的效率和质量，也提高了学生的英语听说读写综合能力。针对这种教学方式，笔者提出五点思考。

（一）线上线下融合教学具有很强的个性化教学优势

学校应关注学生的个体差异，根据学生的学习需求和特点，制订个性化的学习计划和教学策略。教师在教学过程中要充分了解学生，发现学生的优势和不足，为学生提供有针对性的指导和帮助。同时，还要注重培养学生的自主学习能力和合作学习能力，使他们在线上线下融合教学环境中获得更好的学习效果。

(二)线上线下融合教学资源制作成本较高

制作线上资源需要花费较多的时间和精力,这无疑增加了教学成本。一些贫困地区的学校由于资金有限,可能存在资源不足的问题。为了解决这个问题,我们需要探索更经济且更高效的资源制作方式,比如利用现有的教育资源平台,或者开发共享型的在线教学资源库。

(三)线上线下融合教学中学生参与度难以保证

线上教学可能带来部分学生参与度不高的问题。为了解决这个问题,教师需要加强对学生的监督和引导,通过设置有趣的教学活动、提供个性化的学习支持等方式,提高学生参与度。同时,教师也需要反思线上教学形式是否真正适合所有学生,是否需要进一步探索更加人性化的教学方式。

(四)线上线下融合教学挑战教师的信息技术能力

信息技术的迅猛发展迅速地改变了传统教育教学模式和教学手段。为了更好地应用线上线下融合教学模式,教师需要加强相关技术培训,并探索与之相匹配的教学策略和评估方法,这样才能最大限度保障线上线下融合教学的效果。

(五)线上线下融合教学需要加强师生之间的互动和沟通

由于时空的限制,师生之间的交流可能存在障碍。为了解决这个问题,教师可以利用现代通信技术,如在线教学平台、社交媒体等,加强师生之间的互动和沟通,以便及时了解学生的学习情况,给予学生反馈和指导。

线上线下融合教学虽然是一种较为有效的教学方式,但在实施过程中需要注意资源制作成本、学生参与度、师生互动和沟通等方面的问题。我们需要不断探索和完善这种教学方式,以更好地满足教学改革的要求,提高教育教学质量。同时,我们也需要关注其他教学方式的优势和特点,结合实际情况灵活运用多种教学方法,以实现最优的教学效果。

未来,教育信息化将不断发展,线上线下融合教学也将不断完善。教育者和研究者需要继续关注这一领域,探索更多有效的方法和策略,使线上线下融合教学更好地服务高中英语教学,提高教育质量,培养更多具备全球化视野和跨文化交际能力的人才。同时,教育管理者也需要关注线上线下融合教学的实施过程,确保教学资源的有效整合和教学质量的稳步提升,为我国教育事业的繁荣和发展作出贡献。

参考文献

[1] 孙程程，刘涛. 信息化背景下高中英语情景化教学分析[J]. 中学生英语，2023(34)：55-56.

[2] 胡佳丽. 依托现代信息技术开展高中英语教学的探索[J]. 学周刊，2023(27)：145-147.

[3] 谢亚丽. 高中英语教学中信息化发展的研究[J]. 山西教育(教学)，2023(6)：70-71.

[4] 朱生宏. 高中英语线上线下教学融合的方式[J]. 甘肃教育，2023(5)：102-105.

[5] 朱泓燕. "互联网+教育"线上线下混合模式在高中英语课堂中的实践[J]. 英语画刊(高中版)，2023(18)：67-69.

[6] 陈建荣，李慧. 线上线下混合模式在英语教学中的应用研究[J]. 中学课程辅导，2023(11)：63-65.

[7] 方振军. 高中英语线上线下混合教学实施策略[J]. 甘肃教育，2022(6)：63-65.

[8] 王文. 当高中英语教学模式踏上信息化之路[J]. 课堂内外(高中版)，2023(19)：64-65.

基于生成式人工智能的高中信息技术课堂设计

赵　怡

一、实践背景

（一）政策背景

2023年7月10日，国家网信办联合国家发展改革委、教育部、科技部、工业和信息化部、公安部、广电总局公布《生成式人工智能服务管理暂行办法》（以下简称《办法》），《办法》自2023年8月15日起施行。《办法》旨在促进生成式人工智能健康发展和规范应用，维护国家安全和社会公共利益，保护公民、法人和其他组织的合法权益。

《普通高中信息技术课程标准（2017年版2020年修订）》明确提出，普通高中信息技术课程的目的是全面提升学生的信息素养，帮助学生掌握信息技术能力，让学生参与信息技术的合作与交流，培养学生的信息意识，促进学生的个性发展。

（二）教学背景

随着科技的快速发展，高中信息技术教学面临着新的要求和挑战。传统的信息技术教学方式存在知识结构滞后、教学手段单一、实践性不足等问题，已不能满足学生的学习需求。生成式人工智能的出现为高中信息技术课堂设计提供了新的机遇。生成式人工智能能够自动生成文本、图像、音频和视频等内容，丰富了教学资源，提升了课堂的互动性和趣味性。同时，生成式人工智能技术能够为学生提供个性化的学习资源和指导，有助于激发学生的学习兴趣和主动性。生成式人工智能可以模仿人类思考、学习和创新，为学生创造更加真实、生动的学习环境。面对这样的技术发展趋势和教育改革的要求，我们有必要探索如何将生成式人工智能有效地融入高中信息技术课堂，以改善教学效果和学生的学习体验。

二、实践目标

基于生成式人工智能的高中信息技术课堂设计的目标主要包括：通过个性化的教学方式，满足学生的个性化需求，提高教学效果；利用生成式人工智能技术，为学生提供互动性更强的学习体验，激发学生的学习兴趣；利用生成式人工智能技术，为学生提供更加自主的学习方式，培养学生的自主学习能力；通过基于生成式人工智能的高中信息技术课堂设计，提高学生的信息技术素养，为学生未来的学习和工作打下坚实的基础。

笔者拟通过本实践，利用生成式人工智能技术，为高中信息技术课堂创造一个互动性强、个性化且富有创新性的教学环境，增强学生的学习兴趣和动力，提高学生的自主学习能力、协作能力和问题解决能力，培养学生的创新思维，提升信息技术课程的教学效果和质量。

三、实践探索

基于生成式人工智能的高中信息技术课堂设计需要综合考虑教学目标、教学内容、教学环节、教学策略和教学评价等方面，帮助学生掌握基于生成式人工智能的相关技能，提高学习效果和质量。

（一）基于生成式人工智能的高中信息技术课堂设计思路

1. 个性化学习

可以记录和分析每一名学生的学习状况，对学生的学情进行诊断、分析，从中找出学生学习的薄弱项，并及时指正。同时可以发现学生学习的优良方法，并在分析学生的学情后将优良方法推广给适合该类学习方法的学生，真正做到因材施教。

2. 辅助教师工作

可以为教师分摊压力，使教师有更多精力关注学生。例如，可以人工智能技术自动批改作业、提供题目解析等，减轻教师的工作负担。

3. 提升学习质量

可以提出问题，为学生提供学习建议，帮助学生优化学习方法和内容，提高学习质量。以学习人脸识别技术为例，可以通过逐步细化问题，探索项目实现的方法（图 1 至图 4）。

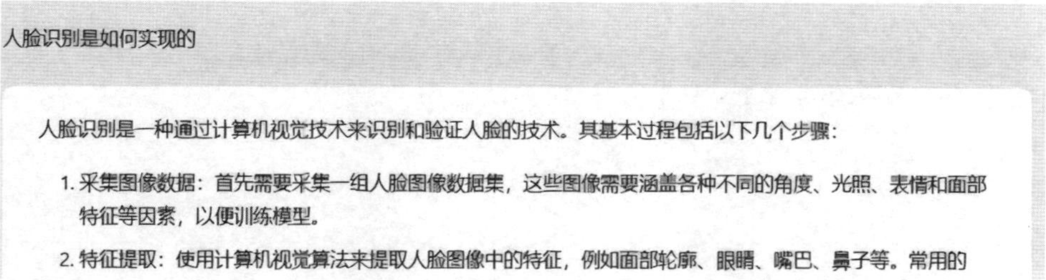
人脸识别是如何实现的

人脸识别是一种通过计算机视觉技术来识别和验证人脸的技术。其基本过程包括以下几个步骤：

1. 采集图像数据：首先需要采集一组人脸图像数据集，这些图像需要涵盖各种不同的角度、光照、表情和面部特征等因素，以便训练模型。
2. 特征提取：使用计算机视觉算法来提取人脸图像中的特征，例如面部轮廓、眼睛、嘴巴、鼻子等。常用的

图 1　提问 1：人脸识别是如何实现的

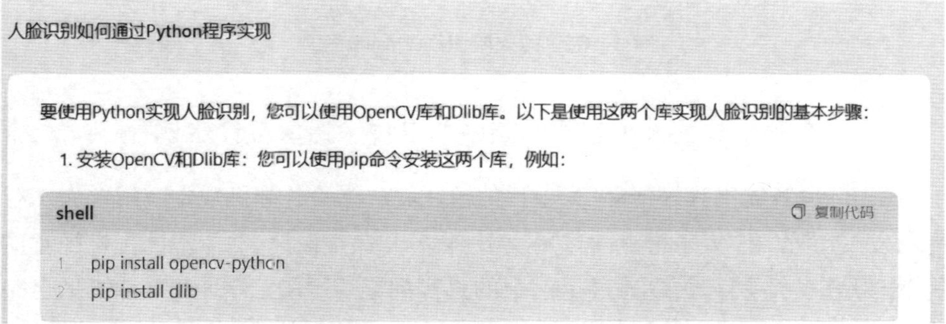
人脸识别如何通过Python程序实现

要使用Python实现人脸识别，您可以使用OpenCV库和Dlib库。以下是使用这两个库实现人脸识别的基本步骤：

1. 安装OpenCV和Dlib库：您可以使用pip命令安装这两个库，例如：

shell　复制代码

```shell
pip install opencv-python
pip install dlib
```

图 2　提问 2：人脸识别如何通过 Python 程序实现

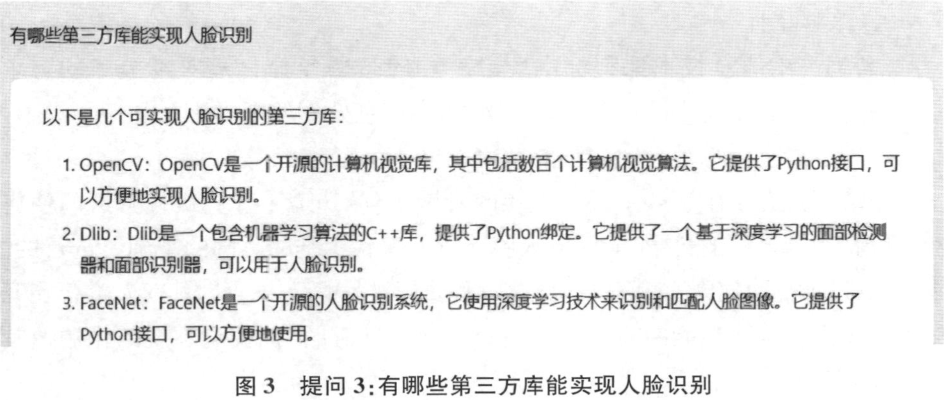
有哪些第三方库能实现人脸识别

以下是几个可实现人脸识别的第三方库：

1. OpenCV：OpenCV是一个开源的计算机视觉库，其中包括数百个计算机视觉算法。它提供了Python接口，可以方便地实现人脸识别。
2. Dlib：Dlib是一个包含机器学习算法的C++库，提供了Python绑定。它提供了一个基于深度学习的面部检测器和面部识别器，可以用于人脸识别。
3. FaceNet：FaceNet是一个开源的人脸识别系统，它使用深度学习技术来识别和匹配人脸图像。它提供了Python接口，可以方便地使用。

图 3　提问 3：有哪些第三方库能实现人脸识别

以下是一个简单的人脸识别Python程序，使用OpenCV库实现：

Python　复制代码

```python
import cv2

# 加载人脸识别分类器
face_cascade = cv2.CascadeClassifier('haarcascade_frontalface_default.xml')

# 读取图像
img = cv2.imread('test.jpg')

# 转换为灰度图像
gray = cv2.cvtColor(img, cv2.COLOR_BGR2GRAY)

# 检测人脸
faces = face_cascade.detectMultiScale(gray, 1.1, 4)
```

图 4　简单的人脸识别 Python 程序

(二) 基于生成式人工智能的高中信息技术课堂设计案例

本文以“智能工具好帮手”为项目主题，围绕“体验计算机视觉应用”“人工智能的发展历程”和“人工智能的作用及影响”展开课堂设计。“体验计算机视觉应用”作为第一个项目，可以通过生活中的真实问题，让学生借助人工智能平台完成人脸图像的智能处理过程，感受“用信息技术学信息技术”的信息技术学科特色，而且在探究学习的过程中，培养学生的“信息意识”和“计算思维”两大核心素养。

1. 课标分析

《普通高中信息技术课程标准(2017 年版 2020 年修订)》对本节课的要求是：通过人工智能典型案例的剖析，了解智能信息处理的巨大进步和应用潜力，认识人工智能在信息社会中的重要作用。

本节课是在学生了解了人工智能的发展历程，知道了计算机视觉这门使机器“看清”和“看懂”的科学，能区分人脸检测和人脸识别的不同的基础上进行的。本节课鼓励学生体验真实问题的解决过程，在教学过程中，通过百度人工智能开放平台中人脸检测功能的简单应用，引导学生了解计算机视觉系统的作用及其应用场景。

2. 教材分析

本节课内容对应华东师范大学出版社《信息技术　必修 1　数据与计算》中

第四章《走近人工智能》的第2课时，属于计算机视觉应用的知识范畴。教材介绍了人脸检测是人工智能中计算机视觉的重要应用。

3. 学情分析

教学对象为高一年级学生。学生在日常生活中已广泛接触到“人脸检测”这个既熟悉又陌生的概念。学生之所以熟悉人脸检测，是因为“刷脸”在日常生活中应用极其广泛；之所以感到陌生，是因为学生可能并不了解计算机视觉的原理，不了解人脸检测的步骤和人脸检测的实现程序。

学生的生活经验为本节课的导入打下了一定的基础。学生通过分析生活中的场景，理解人脸检测的原理，并在Python环境中调用平台数据完成人脸检测程序开发，为进一步体验人工智能发展历程、深入了解机器语言打下基础。

4. 教学设计思想

“人脸检测初探”一课以学生的学习和体验为主，采用情境教学的方法，让学生在百度人工智能开放平台人脸检测功能的启发下，在Python环境中编写“是否正确佩戴口罩”和“是否为70岁以上老人”两个程序。本课突出学生自主讨论、探索的学习方法，强调人脸检测的步骤，引导学生思考人工智能的内涵，培养学生的逻辑思维能力以及利用人工智能技术解决实际问题的能力。

四、效果反思

“人脸检测初探”一课着重展示前沿信息技术，以帮助学生形成对计算机科学的深度理解，进而在实践中锻炼他们在现有的科技成果基础上的集成式开发能力。在实践过程中，学生认识到未来信息社会的发展趋势，以及人工智能可能产生的社会问题，培养了信息社会责任感和使命感。

（一）效果

1. 教师引导，强调学生主体

在实践教学过程中，教师是学习活动的组织者和引导者。在设计课堂教学时，力求突出“以教师为主导，以学生为主体”的特征，让学生更多地参与学习过程，把体验、发现、思考、迁移、交流的权利还给学生。通过学情分析，教师对学生已有知识、学生学习的特点进行综合分析，将班级中的学生分为三个层次，在教学过程中给予不同层次的学生不同的学习支持。对于学有余力的学生，教师请他们担当“助教”，当学生难以全面突破难点时，教师通过“助教”的反馈，为学生提供思路。这样既能够锻炼“助教”们叙述、分析、解决问题的能力，也能帮助其他学生理清思路，对相关内容有所了解。通过答疑解惑，学生在听课过程中明确了学习的难点和重点，增强了学习的有效性。

2. 任务驱动，创设学习情境

本节课中，学生在 Python 环境下，编写"是否正确佩戴口罩"和"是否为70 岁以上老人"两个程序，在真实情境下不断提出新的假设和问题。学生在不断的挑战和教师的激励中持续学习。通过设疑启发，学生逐层逐步地了解相关知识，对知识有了螺旋上升式的认识。

3. 技术赋能，丰富学习方式

本节课筛选生成式人工智能技术，选择了适合高中信息技术课堂，具有在线学习、在线测试、在线交流等功能的教学平台。教学平台可智能推荐学习资源、自动生成学习路径、实时反馈学生学习情况等。教师利用生成式人工智能技术，开发了一系列丰富多样的教学资源，包括互动课件、虚拟实验、智能题库等。这些资源不仅可以满足学生的个性化需求，还可以根据学生的反馈进行持续优化。在教学实施阶段，教师采用了线上线下相结合的方式进行教学。在线上教学方面，教师利用教学平台组织学生进行在线学习、在线测试和在线交流等活动；在线下教学方面，教师采用传统的讲授、演示和练习等方式进行教学。另外，教师还尝试了多种基于生成式人工智能的教学模式，如翻转课堂、项目式学习、协作式学习等。这些模式充分利用了生成式人工智能的优势，为学生提供了更加自主、灵活的学习方式。

(二) 反思

在使用生成式人工智能进行高中信息技术课堂设计时，建议遵循以下原则。

1. 理解和满足学生的多样化需求

设计课堂时要充分考虑学生的个体差异和学习风格，尽可能地满足他们的需求，使得生成的资源和活动能够适应不同学生的兴趣和能力。

2. 构建真实而有意义的问题情境

通过问题情境的引入，帮助学生理解和解决现实生活中的问题，从而培养他们的创新思维和实践能力。

3. 注重实践和应用

为学生提供足够的机会进行实践，帮助他们理解和掌握生成式人工智能技术的实际应用。

4. 充分利用生成式人工智能的特性

利用人工智能生成的内容、模型、算法等资源，创新教学方式，增强教学的互动性和参与性。

5. 关注评价与反馈

设计有效的评价机制和反馈渠道，及时了解学生的学习情况和问题，以便对教学设计适时进行调整和优化。

6. 转变教师角色

教师需要从传统的知识传递者转变为学生学习的引导者和指导者，帮助学生进行自主学习和创造性学习。

7. 持续学习和更新

由于生成式人工智能和信息技术领域技术发展迅猛，教师需要持续学习和更新自己的知识和技能，以便更好地利用生成式人工智能进行高效的教学设计。

基于生成式人工智能的高中信息技术课堂设计要根据具体情况进行调整和优化，以满足不同学生的学习需求和不同的教学环境。

参考文献

[1] 中华人民共和国教育部.普通高中信息技术课程标准(2017 年版 2020 年修订)[S].北京:人民教育出版社,2020.

[2] 任友群,黄荣怀.普通高中信息技术课程标准(2017 年版 2020 年修订)解读[M].北京:高等教育出版社,2020:33-41.

[3] 肖君,白庆春,陈沫,等.生成式人工智能赋能在线学习场景与实施路径[J].电化教育研究.2023,44(9):57-63+99.

基于“教学五环节”提升历史线上教学成效的实践探索

王康茜

一、实践背景

新课程改革以来，传统的教学理念、教学方式和教学手段受到冲击。在新课程改革的核心理念驱动下，提升信息化教学能力成为教育信息化浪潮下的当务之急。教育信息化时代的到来，势必将引发学习环境转变、交互学习加强等一系列的变化，推动着教师主动求变。

近年来，线上教学已从幕后来到台前，甚至被推到了未来教育的前台，并极有可能在未来成为主流教学方式的一种。长期以来，线上教学虽发挥了一些作用，但往往以慕课、微课的形式辅助教学，或者是作为课外学科辅导资源。教育信息化浪潮对全体教师提出了新要求：线上教学不再是线下教学的附属，它可能成为与线下教学一样的主流教学方式，甚至在未来成为大规模、全覆盖、全程化的教学模式，需要教育工作者认真对待，及时思考，总结做法，提炼经验；线上教学也不再是部分教师运用的教学方式，而是推动全体教育工作者的教育观念和教学技术更新和变革的一次风潮。线上教学正渐渐成为一种真正意义上的、具有广泛性的教学方式，甚至会与线下教学有机整合，成为未来教学方式的重要组成部分。

二、实践目标

线上教学对于教育工作者而言并不是一个全新的话题。事实上，自从进入教育信息化时代之后，线上教学就渐渐进入人们的视野，不断涌现的慕课、微课等更是解决了困扰教育工作者已久的教育资源壁垒问题，突破了学习者学习时间与空间的局限性。慕课、微课因便于学生共享课程资源、辅助个性化线上学习的功能而风靡全球。但是在中小学，线上教学依旧是一个比较新颖的话题，在日常教学中所占的比重远低于线下教学，在教学中扮演着从属的角色。

当前，对于许多教师而言，线上教学是一个全新的尝试。线上教学平台的选择、线上作业的批阅和反馈、学生线上学习的成效检测、学生自身差异所带来的辅导问题……凡此种种，都成为了教师在实践线上教学过程中的实际难点。如何用好信息化平台，基于“教学五环节”最大限度地提升线上教学的成效呢？笔者经过为期数月的线上教学实践，通过着眼“教学五环节”，在探索中不断归纳和总结实践经验，形成了一套系统的线上教学模式。

三、实践探索

（一）“云”备课，信息互联互通

线上的备课环节与线下相比，需要教师投入更多的精力。教师不仅需要提前备好教学资料，做好PPT、教学设计、视频资源等教学材料，还要做到对学生心中有数，并在课前指导学生做好线上学习的准备。在第一次正式线上上课前，教师还需提前与学生完成线上平台的试运行，指导学生了解线上平台的功能。确保与每名学生的联系畅通是保证教学成效的关键前提，微信群就是一个非常便捷的实时沟通平台。教师可以在微信群中布置学习任务、作业，发布通知事宜，提醒学生准时前往指定“线上教室”学习。此外，教师还可以通过微信群推送教学资源，指导学生做好复习和预习，为新课衔接与复习巩固打好基础，做好一切线上上课的准备。

（二）“云”交互，设计有效问题

线上授课与线下授课最大的区别，也是线上授课的难点，就在于师生很难做到“面对面”。平常在线下课堂，教师可以“眼观六路”，通过学生的表情、动作、眼神、反应等来判断学生的听课状态，接收学生的学习反馈，进而及时调整教学策略。然而在线上教学，由于瞬时流量限制、教师授课实际情况等因素的阻碍，教师要把握屏幕另一端学生的听课成效就有了一定的难度。因此，要“抓”住学生，提高学生的学习自觉性与主动性，同时能及时接收到学生的学习反馈，把握好课堂的教学进度，这就需要教师在实践中不断探索有效做法。

线上平台最大的优势就是可以发挥集体性、及时性的交互作用。需要格外注意的是，线上教学绝不可将线下课堂的内容直接照搬至线上，而是需要合理规划好课堂上的40分钟，切实提高教学成效。因此，笔者精炼新课内容，设计有效提问，以设问的方式吸引学生的注意力，开放探究讨论问题的时间，通过实时交流、线上聊天等方式，训练学生的历史思维，吸引和督促学生端正态度，认真听课，提高教学成效。

用好“课前 2 分钟”“开头 3 分钟”与“课尾 3 分钟”是非常重要的。“课前 2 分钟”相当于 2 分钟预备铃，在这段时间教师需要检查学生是否都已进入“线上教室”。签到不是简单打卡，可以将复习上节课学习的内容与签到相结合，请学生在聊天对话框中输入回答，作为检测方式，教师通过语音直接进行点评。“开头 3 分钟”则可以用于网上作业的集中讲评。在课中，教师可以采取实时提问（面向部分学生）与群体提问（面向全体学生）相结合的手段，在交互中检测学生是否专心听讲。在“课尾 3 分钟”，教师则可以精选 3～5 道练习题，抽选学生进行当堂检测。一来可以检测学生本节课的学习效果，二来也可以帮助学生回顾复习学习重难点。

（三）“云”作业，定位学科“学点”

作业是帮助学生夯实知识、查漏补缺、提高能力的重要手段，也是教师检测教学成效最直接的方式。在线上教学中，尤其要设计好作业，充分发挥其价值。

线上作业为教师因材施教和学生因需学习提供了更多可能。教师提前在信息化平台上建设题库，以“学点”（学科知识点）为基础，以填空、选择题型为主，为学生的课后学习检测提供精准的练习题（图 1）。学生在进行网上练习时可以根据自身学习情况，自选“学点”，生成试卷，在节省时间精力的同时提高了学习成效。当然，教师也可以针对学生的学习需求，采用“问卷星”进行大规模的填空练习。

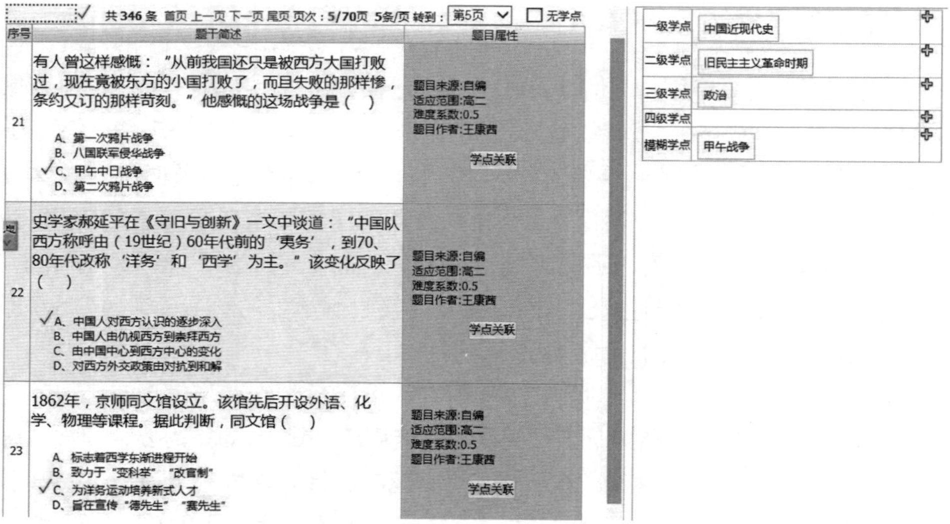

图 1　基于“学点”在线上平台建设线上题库

学生完成作业后，教师需及时登录平台完成学生作业的批阅与反馈，在右侧对话框中与学生交流评阅意见。线上平台为师生提供了更加便利的“一对一”交流的机会，因而教师在评阅中要针对学生的错误答案进行个性化分析，这样的解析才是有效的。对于作业完成质量较高和有进步的学生，教师也可在线上课堂公开表扬，树立榜样，建设良好的学习氛围，让学生互相激励。批阅作业完毕后，教师还可以结合学生作业完成情况的数据(图 2)，从教与学两方面进行分析，辅助教学的改进。

正确率统计 卷面浏览 批量阅卷

题号	正确答案	正确率%	错误率%
第1空	法德和解	98.33	1.67
第2空	欧洲煤钢共同体	70.00	30.00
第3空	欧洲共同体	91.67	8.33
第4空	欧共体	93.33	6.67
第5空	主权让渡	51.67	48.33
第6空	1993	86.67	13.33
第7空	欧元	100.00	0.00
第8空	B	58.33	41.67
第9空	B	88.33	11.67
第10空	A	88.33	11.67
第11空	A	41.67	58.33

图 2 利用平台数据分析功能进行作业完成情况分析

(四)“云”辅导，分层分类指导

辅导是新课教学的补充，也是因材施教的具体体现。笔者基于实际，采取集中讲解与个别辅导相结合的方式推进辅导，即针对错误率较高的问题，通过微视频、“课前 3 分钟”两种途径集中讲解；针对学生 SOLO 论文撰写、问答题撰写等个性化差异较大的问题，利用微信、腾讯会议等渠道进行个别辅导(图 3)。利用线上平台进行的多元化个别辅导，较线下而言取得了较为明显的效果。

(五)“云”检测，反馈学习成效

测试是对学生学习效果的阶段性检查，有助于教师把握学生学习状态，及时调整教学进度与策略，提高教学成效，同时也有利于学生调整自身状态，更好地投入下一阶段的学习。

线上教学的测试有别于线下，不可简单地将线下的考卷搬到线上，而是需要精选题目，通过最典型的题目来完成短时段的实时检测与长时段的阶段检测。笔者针对等级班学生对历史学习的需求特点，精选和自编题目。课后通过线上

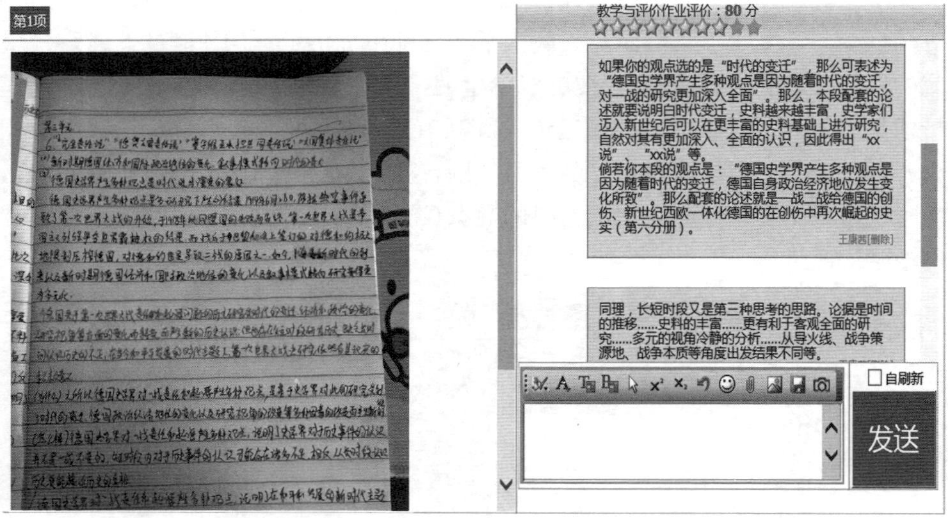

图 3　利用线上平台进行个别辅导

平台组织学生进行线上学习质量评估、SOLO 论文的撰写练习、历史表格的梳理等，帮助学生检测阶段学习成果，并及时向学生反馈检测效果。线上的检测相较于重“量”，更重“质”。基于学生的反馈，服务好学生下阶段的学习，才是测试的根本目的。

四、效果反思

经过一段时间的线上教学，笔者基于“教学五环节”，总结了一些教学上的经验做法，但与此同时，笔者也在实践中深深意识到了线上教学对教师提出的要求远不止于此。要圆满完成线上教学，教师需要做好充足的准备。

（一）熟悉教学内容，避免紧张情绪

线上教学和线下教学的环境有着很大的差异。许多有着丰富教学经验的教师，在线下教室中面对学生时并不紧张，然而到了线上，在面对冷冰冰的屏幕时，就难免紧张起来，影响授课效果。倘若教师采取线上录播形式授课，需要提前录制好教学内容的话，这就更对教师的语言表达与教学设计提出了高要求。因此，为了保证教学质量，教师在线上授课前务必做到熟悉教学内容，凭借对教材和课堂流程的把握，消弭紧张情绪，从容不迫地完成线上教学，保证教学质量。

（二）试用平台功能，避免技术问题

线上教学需要依托线上平台进行，而许多线上平台对教师而言是全然陌生的。因此，为了避免课堂中出现PPT无法显示、视频无声音、话筒有杂音、画面黑屏等技术问题，影响课堂教学的正常秩序，教师需要在正式授课前进行模拟演练，对种种可能发生的突发情况做好紧急预案，调试好媒体设备，尽量避免技术问题的出现。

（三）注意自身形象，避免仪表不佳

线上教学同样是严肃的。因此，在线上教学中，不论教师采取的是幻灯片播放与讲授同步的教学，还是需要露脸的直播教学，都要时刻注意自己作为人民教师的形象，避免仪表不佳。同时，教师也要注意自己的语言表达，切忌出现不当言论，要以和线下同样，甚至比线下更加严肃的态度对待线上教学，这份认真与严肃的态度同样也会传递给学生，让线上教学不流于形式，真正发挥它的教学作用。

（四）及时总结问题，多方合力解决

实际上，在线上教学中出现突发状况，难以达成原定教学目标是极为常见的现象。笔者在线上教学的过程中也曾遇到网络突然卡顿、学生反馈迟滞，甚至学生缺勤、迟到早退等现象。因而，及时总结问题，寻找各个问题的解决对策，做好应对各项突发状况的预案就显得尤为重要。例如，若突然因网络卡顿、软件崩溃等原因而无法直播授课，笔者会请学生集体登录学校平台，在线学习教师提前录制上传的课堂视频，并认真做好教学内容备份；针对学生用语音回答问题时出现迟滞卡顿等现象，笔者会请学生直接通过对话框以文字方式进行回答；再如针对学生缺勤迟到等问题，笔者也会请学生分小组互相监督，实现自主管理，并请课代表协助管理课堂秩序，倘若依旧存在问题，则会联络班主任与家长，形成多方合力，共同解决问题。每一次的教学方式变革都难免会遇到重重问题，但“方法总比困难多”，及时总结问题，善借多方力量，提炼经验做法，问题便能迎刃而解。

参考文献

[1] 郭英剑. 当学生“隐入”屏幕 教学该怎样进行[N]. 中国科学报，2020-02-11(07版).

[2] 李熙. 互联网+时代高校学生管理模式的转变及创新[M]. 长春：东北师范大学出版社，2017：44.

智能技术赋能高中历史课堂思政教育的实践研究

王康茜

一、实践背景

习近平总书记曾在全国高校思想工作会议上指出，要用好课堂教学这个主渠道，思想政治理论课要坚持在改进中加强，提升思想政治教育亲和力和针对性，满足学生成长发展需求和期待，其他各门课都要守好一段渠、种好责任田，使各类课程与思想政治理论课同向同行，形成协同效应。习近平总书记的重要讲话明确了党在新时代开展课程思政改革的重要性。

《普通高中历史课程标准(2017年版2020年修订)》(以下简称《课标》)明确指出历史教学的根本任务是“立德树人”，要“坚持育人为本，德育为先，使历史教育成为形成和发展社会主义核心价值观念的重要途径。发挥历史课程立德树人的教育功能，使学生能够从历史的角度关心国家的命运，关心世界的发展，成为德智体美全面发展的社会主义接班人”。新时代历史教学的使命是“为党育人、为国育才”，在历史教学中开展思政教育，强化爱国主义教育，渗透家国情怀的培育，有着时代的紧迫性与必要性。当前“双新”教学改革与人工智能时代的到来，为历史教学带来了新挑战与新契机。如何运用好人工智能技术，赋能高中历史教学的思政教育，这个问题值得教师在实践中深刻思考。

二、实践目标

一是通过充分发挥人工智能中的虚拟仿真技术，打破历史学习的时空壁垒，为学生的探究学习创设具有真实感的“历史现场”，以充分激发学生的历史学习兴趣。教师运用人工智能，可以在教室中创设出历史博物馆、红色旅游景区等虚拟仿真场景，通过视觉、听觉、触觉等多感官相结合的教学方式让学生置身于历史现场，让历史学习成为一种有趣味、有挑战性的学习活动，从而让学生更加沉浸式地参与学习过程，发挥学习的主观能动性。

二是通过人工智能中的VR、AR等技术，为学生的历史学习创造问题情境，在真实问题的解决过程中培养学生的历史判断力。教师可以借助人工智能为学生创设学习攻关任务，让学生自选历史事件中的某一历史人物进行角色扮演，给予其解决历史问题的判断权与决策权。依托人工智能技术，教师引导学生根据所作出的决策推演历史事件的发展趋势与结果，让学生提高历史判断力与学科核心素养。

三、实践探索

人工智能技术赋能后，历史课堂逐渐形成了以学生的学习和参与为主、以教师的设计和引导为辅，融合线上与线下，打通过去与未来，结合理论与实际，并由人工智能技术提供情境模拟与数据分析的新型授课方式。笔者以《中外历史纲要(上)》第八单元“中华民族的抗日战争和人民解放战争”的大单元教学为例，分析人工智能时代高中历史课堂思政教育的具体实践。

(一) 课前：回望“硝烟中的坚守：战争记忆展”

战争的硝烟渐渐散去，时光无声流逝，许多历史往事正不可避免地走向尘封，历史亲历者的声音也愈发珍贵。当前的高中学生都是“05后”，虽然在初中课堂里学习过或听祖辈谈起过抗日战争和人民解放战争，但年轻的他们并非亲历者，难以深刻了解日军的侵华暴行，领会抗战胜利在中华民族伟大复兴中的历史意义，亦难以理解在抗战胜利后，中国共产党带领人民群众赢得解放战争的胜利、建立新中国的不易。人工智能技术为学生亲身体验那段峥嵘岁月提供了可能。

在组内教师的支持下，笔者选择1931—1949年这一历史时期，以抗日战争与解放战争为主题，组织学生自行搜集相关文献、图像、影像、音频资料，在学校创新实验室策划布置了“硝烟中的坚守：战争记忆展”。展览集合了历史博物馆、红色实践基地、名人故居等多个校外爱国主义教育基地的相关资料，整合了线上与线下的丰富资源，发挥人工智能技术多感官互动的优势，为学生在课前更加全面地了解这段历史提供了学习平台。笔者还邀请学校“时代声音传播社”的学生社员担任展览义务讲解员，为全校师生与来校参观团队介绍展览的设计理念，交流在设计与布置展览的过程中的历史学习心得，收获了良好的教学成效(图1)。

图1 学生为来校参观团队介绍布置历史展览的学习体会

（二）课中：重历“地图上的关键战役”

抗日战争和人民解放战争虽然涉及的大小战役数不胜数，但最关键的是“抗日战争中的四大会战与百团大战”和“人民解放战争中的三大战役和渡江战役”。在实际生活中要重走这些战役的路线对于有一定课业压力的高中生来说较为困难，在课堂中要全景再现这个过程就更难了。过往的教学往往都是教师出示战役的相关地图，结合图示、路线与课本中的相关文字描述，带领学生了解这些关键战役，然而实际上学生除了对战役发生的相关方位有所记忆外，对于赢得战役的艰辛与不易很难共情，使得家国情怀的培育效果大打折扣。

人工智能技术则为学生“实景”重历“地图上的关键战役”提供了可能。笔者以战役的相关地图为基础，搜集战役相关的历史背景资料、音频和视频素材、人物对话与转折点实景图片，借助智能技术绘制在地图之上，组织学生分别扮演共产党、国民党、普通群众、外国记者等不同的身份角色，体验在不同历史场景下不同身份人物的历史判断与决策。

另外，借助智能技术对学生的学习情况进行数据分析与反馈，不仅提高了课堂的趣味性、学生的参与度，也激发了学生深度学习的兴趣，培养了学生的唯物史观、家国情怀等学科核心素养。

（三）课后：对话“错位时空下的先辈”

课堂学习结束之后，笔者还为学生设计了拓展探究学习任务，以进一步加强学科核心素养的培育，提高思政教育的成效。笔者在“硝烟中的坚守：战争记忆展”中专门设置了特别展区“错位时空下的先辈”，选择了彭德怀、朱德、粟裕、邱少云、杨靖宇、董存瑞、刘胡兰、王根英等多位革命先辈作为“对话”对象。学生可以自行选择其中一位或多位先辈，以教师提前录入的资料为基础，遵循屏幕上的参考问题，与先辈进行交流。通过语音与文字的交流，学生可以更加深刻地了解先辈的个人选择，理解其个人信仰与追求，从而转化为自身不懈奋斗的动力。

四、效果反思

人工智能技术为“双新”背景下历史课堂进行课程思政的教学实践提供了新技术、打开了新思路、搭建了新平台。当然，信息化教学实践的前沿探索对教育信息化技术的高要求、对学生课堂参与的高标准和对教师转变传统角色的需求都给人工智能技术应用于历史教学带来了诸多挑战。要提高人工智能技术赋能历史课堂思政教育的效果，前提是对这一新型教学模式不断优化。

（一）效果

1. 优化历史课程资源库，打造有趣味、有深度、有内涵的课堂

历史课堂因其学习内容多、时空跨度大等原因，在运用人工智能技术时，对人机交互、语音识别与处理等技术有着较高要求。实际上，要打造符合“双新”理念的有趣味、有深度、有内涵的课堂，必须不断完善历史课堂人工智能技术，丰富历史课程资源库。首先，是要不断建设和扩大历史情境库与语料库。教师团队可以在学校的支持下，整合校内学习资源与校外红色实践基地、博物馆等资源，依据《课标》中的学习要求，结合教学实际，设置场景多元的历史情境库。同时，历史是一门专业性强的学科，在利用人工智能探索人机交互的过程中，教师也需要依据自身专业知识，借助大数据集成功能对历史语料库进行完善，保证学习内容的准确性，把握学习任务的深度。其次，要不断加强历史课程资源库的人工智能数据处理技术。数据处理技术不仅可以虚拟历史情境，其对于学生学习成效的实时检测反馈亦有着不可替代的优势。它可以对学生的学习情况进行全方位、多角度、长时段的记录、分析与评估，因而强化数据处理技术是必不可少的。最后，历史课堂要激发学生的学习热情，尤其是在思政教育中让学生切实获得情感体验与触动，模拟历史情境、历史人物的视听效果也要不断优化，以尽可能激发学生的家国情怀。

2. 教师加强信息化技术培训，做好课堂的设计者、引导者与保障者

对于教师而言，不仅要掌握一定的人工智能技术，更要具备将其应用于实际历史教学的能力。校外技术团队只能够提供设备支持，而教学的主体设计者与实施者必然是教师自己。教育信息化 3.0 时代已然到来，因而学校必须将人工智能技术相关培训纳入学校在“双新”背景下实施的教师培训方案，开展教育信息化技术的理论知识与实践操作的学习活动，加强教师关于教育信息化技术的交流研讨。教师需要主动更新教育理念，提升信息化教学技术，在信息化教学实践中不断探索和优化立德树人的教学策略。

教师需从原先的授课者角色转变为课堂的设计者、引导者与保障者。人工智能与教师相比，在知识存储、信息读取、数据分析等方面都具备一定优势，还能够创设虚拟学习情境让学生进行交互学习，因而教师可以在基础知识讲授、情感体验、学习成效检测方面，最大限度地让人工智能技术进行赋能，跳脱出传统的讲授者身份，在学习任务的创新设计、学习过程的实时引导方面进行实践。人工智能技术虽然能够替代教师部分职能，但它绝不可能完全替代教师，因为人工智能只是对人类活动的高度智能化模拟，并不具有人所独有的意识与主观能动性，也不能够进行较为复杂的伦理道德分析。因此，教师在对学生历史观、价值观的引领方面有不可替代的作用，需要做好学生学习发展与成长的保障者。尤其是在起到“铸魂”效果的思政教育中，教师更需要对学习内容全面把握与正确引导。

(二) 反思

智能技术赋能高中历史课堂的思政教育对于教师的智能技术应用水平与课程思政的教学水平都提出了比较高的要求。教师要不断提升应用智能技术进行教学实践的能力，学校也需要发挥组织管理的力量，为智能技术与课堂教学的融合提供丰富的培训资源。

历史是最好的教科书，亦是用于立德树人，培育学生树立大历史观、文化自信、民族自豪感和爱国情怀的浩瀚宝藏。以智能技术赋能历史学科的思政教育将是教育信息化背景下历史教学的趋势，也是为党育人、为国育才的关键抓手。当前历史课堂思政教学虽然还面临一些困境，但相信在全体教师的协作下，智能技术赋能的新型教学模式将不断优化。乘着“双新”的教学改革浪潮，在教育信息化转型的助推下，未来历史课堂教学将会呈现新样态、焕发新活力！

参考文献

[1] 中华人民共和国教育部. 普通高中历史课程标准(2017 年版 2020 年修订)[S]. 北京：人

民教育出版社，2020.
[2] 李继东. 现代教育技术教程与实训[M]. 昆明：云南大学出版社，2020：186.
[3] 刘佳. 人工智能技术条件下高校思政课情景教学模式创新研究[J]. 思想理论教育导刊，2021(11)：100-103.
[4] 张冰，荣媛. 人工智能时代思想政治理论课教师话语权探究[J]. 教育导刊，2020(11)：54-59.

新媒体时代“微德育”模式的实践探究

汤　瑾

一、实践背景

新时代是网络时代，更是自媒体时代、碎片化信息时代。互联网、智能手机渗透于生活的方方面面，深刻地影响着学生的生活方式、思维方式。网络大环境下的道德问题更是层出不穷，对学生的道德价值观造成了巨大的冲击。

（一）新媒体时代的呼唤

新媒体时代是指利用数字技术、网络技术、移动技术，通过互联网、无线通信网、卫星等渠道以及计算机、智能手机、数字电视机等终端，向用户提供信息和娱乐服务的时代。如今，这些技术和终端对于学生来说并不陌生，它们在扩展学习的同时，也潜移默化地改变着传统的德育环境，改变着师生关系，给学校德育带来了挑战。

（二）学校德育工作的难题

在新媒体时代，学生获取信息的途径、表达想法的方式正在甚至已经发生了翻天覆地的变化。教师实施德育的舞台也随之扩大，新时代下新的教育环境给高中德育带来前所未有的新难题、新挑战。

1. 信息传播渠道更多元化

在新媒体时代之前，学生主要通过纸媒（书籍、报刊等）、广播、电视和人际交往等传统渠道获得信息。以上传播方式容易控制，在家家长能规定孩子看什么电视节目；在校教师对学生看什么课外书也能进行引导。但这些控制信息传播的手段如今都已没用了，因为学生早已不再依靠传统渠道来获取信息。互联网和各类移动终端能让学生在任何地方、任何时间从任何渠道获取或发布信息。大部分时候，教师不能控制互联网传播渠道。

2. 学生意见更难引导

有不少有经验的班主任掌控班级舆情的“妙招”是与班里有领导力的学生沟通，以期能更快更准确地掌握班级动态，更顺畅地推行自己的要求。这招在网络时代恐怕很难奏效。一个善于思考、善于表达、活跃、幽默的学生在网络上能赢得比现实世界高几倍的关注度与支持率。他从虚拟世界中获得的成就感是现实世界无法等价给予的。在班里做一次演讲顶多收获同学的掌声，而在网上发一个热门帖可能转瞬间就收到上百个赞，一呼百应。相比之下，教师的一句表扬对他们还剩多少吸引力？

3. 信息扩散更加快速

信息在网络中的传播速度是惊人的，任何人只需点击“转发”“分享”，即可将信息散播到天涯海角。这打破了现实中的人际圈壁垒，让信息的传播速度和传播量呈几何级数增长。再加上“网页快照”技术和云存储技术的成熟，使得阻止信息扩散变得困难。以人人网为例，某个帖子只要被转发过一次，就等于被复制了一次，删除原帖无法连带删除转发的帖子。

二、实践目标

笔者认为，“微德育”是指以网络技术为载体，积极探索体现社会主义核心价值观的微事物、微资源。教师可以利用碎片化的时间，营造让学生感兴趣的德育微环境，引领学生潜移默化地体会社会主义核心价值观的内涵，培育健康向上的道德情感，最终形成良好的道德素养。

（一）激发自主的活动参与

“内因是事物发展变化的根据，外因是影响事物发展变化的条件，外因通过内因起作用。”学生学习的主动性是影响学习效果的关键。因此，激发学生自主参与、引导学生自我建构、激活学生主动发展是开展德育工作的重点。“微德育”模式的提出为教师激发学生自主参与活动提供了新的方向。

（二）开发生动的德育内容

比起传统的“一支笔、一张嘴”，“微德育”有其得天独厚的优势。微博、微信、QQ、抖音、哔哩哔哩网站不仅提高了德育内容的传播速度，也呈现出了更加立体、生动、接地气的德育形象。例如，教师可以创建微信公众号，通过音频、视频等多种形式，传达德育理念。

三、实践探索

(一) 巧用微信群预热,开启“前班级时期”德育

“前班级时期”就是指班级已经形成但班级成员彼此间尚未见面或尚未熟悉的时期。通常,新高一班主任的第一次德育是在新生军训报到后第一次集队或第一次班会时。虽然班主任在入学前的家访时已经与学生见过面,但在短短十几分钟内教师充其量只能通过第一印象作个大致的判断,提点基本的要求。如今,新生在获取录取通知书后就会通过社交平台组建新生群;在八月初知道了分班情况和班主任姓名后就会组建各班级群,开始频繁地互动。有时,在班主任选出班干部之前,新生群里就已经诞生“意见领袖”了。从这个层面看,班主任的第一次德育恐怕是有点滞后的。

在新媒体的帮助下,笔者做了一份“英雄帖”PPT,通过微信群发给全班学生。这份“英雄帖”其实是一份鼓励学生争做班干部的号召,里面传达了笔者对班干部的理念和要求。笔者运用了流行漫画——《海贼王》的形象和音乐来制作“英雄帖”。如此,便使得整个 PPT 变得生动而有趣。笔者向学生传递了一个信号:你们的班主任是个心态年轻、幽默、有创意的人,你们跟着我会度过很有意思的三年。不出所料,在“英雄帖”发出去的当天就有学生通过平台给笔者发消息,表达了对新班级的向往。这份 PPT 后来越传越广,很多其他班的新生也将其发到了他们各自的网络空间。有不少学生甚至找到了笔者的微博并留言。

(二) 借助 APP,强化学生的内化式体验

学生生活中充斥着新媒体带来的资源,如今,学生生活最突出的特征之一就是“信息爆炸”。如何依据学生的心理特点和生理特点,帮助学生学会甄别与吸收感兴趣的、正能量的信息,是间接德育重要的一环。笔者所在学校结合信息化特色,自主研发了一款信息化育人 APP——“晓德助手”,为学生搭建一个正能量的线上平台,发挥榜样引领的作用,积极探索新媒体时代育人方式变革,通过间接德育加强学生内化式的体验。

该 APP 首先从学生的兴趣、潜能、学业基础出发,引导学生进行 SWOT (Strengths, Weaknesses, Opportunities, Threats,优势、劣势、机会、威胁)分析与霍华德职业分析,帮助学生更好地认识自己、了解自己。在学生对自己有更加全面的认知后,系统便会引导学生一步步找寻对自己产生积极影响的“重要他人”,结合大数据“云”评估结果,锁定系统内的“重要他人”;同时,系统还支持包

含德育、智育、体育、美育、劳育的“每日任务”“每周任务”与“每月任务”的自定义设置，为学生未来的发展确定学习榜样与实践路径。导师审核通过后，学生将会绑定“重要他人”，生成个性化发展路径。教师与家长将承担起导师的职责，动态参与学生的发展，在学生任务完成栏目中进行实时评价与赋分，在关心关爱学生的同时提供专业化的学业与生涯指导。另外，该款 APP 还为学生搭建了一个在线交互平台。“重要他人”相近的学生还将组建“同体社群”，相互激励。在“同体社群”中，具有相似发展目标、相近职业理想的学生汇聚在一起，彼此交流互动，共同分享追梦的心路历程与资源，而导师则隐于幕后，担任社群管理员，维护网络环境（图 1）。

图 1　信息化育人 APP“晓德助手”

该 APP 不仅营造了具有正能量的网上交流氛围，也在最大程度上激发了学生的同伴榜样力量。通过 APP，导师从学生日常关心的社会交往、情绪表达、生涯规划、品格修养等角度出发，为学生推送专业、有趣、实用的相关信息，并及时分享“梦想课程”的资源，满足学生的个性化发展需求。一方面，教师创造了学生喜闻乐见的网络虚拟环境，丰富的资源充分满足了学生的课余生活需求；另一方面，教师在教会学生如何遴选和甄别信息的同时，对学生加以理想和信念方面的引导，从而“润物细无声”地完成育人工作。

(三) 挖掘微资源热点,培养正向的媒介素养

哔哩哔哩网站,简称“B站”,是目前国内最大的二次元综合娱乐社区平台,“90”后与“00”后用户占比高达72.26%,可见“B站”拥有广泛的青少年受众。在笔者任教的学校,几乎每个学生都会定期在“B站”上搜索并浏览自己感兴趣的内容。

基于近期的“文旅局长频频出镜宣传”这一热门事件,笔者利用“B站”策划了一次德育活动。首先,笔者在浏览了大量相关的热点视频后,挑选出一些播放量较高、标题幽默或有网络流行语的短视频。在视频中,各地文旅局长纷纷变装,化身“家乡代言人”,助力文化传承。他们在镜头前推广家乡的独特风景,吸引游客前往。经过这场“文旅热”,国内许多冷门地区的旅游资源被激活,大批游客慕名前往,在推动文旅产业发展的同时,也让许多当地特色文化被更多人熟知。但是,从办公室到镜头前,文旅局长们的“躬身入局”也引发了不少议论。认为这种做法接地气的有之,认为有创意的有之;当然,质疑视频质量不高、扮相不好、身份不妥的也有之。这些声音在线上形成了一股热议潮流。学生在视频结束后,可以自由写下一两句观后感作为“弹幕”,或者跟帖评论。这次活动的开展抓住了热点新闻的即时性,突破了德育活动的空间边界,让经常置身于网络世界的学生在潜移默化之中受到道德熏陶,从而形成正确的世界观、人生观、价值观。

学生的日常生活中充斥着看似微不足道的资源,如何用好这些微资源,充分发挥“微德育”的大力量是值得广大德育工作者思考的。笔者认为,一方面,教师可以寻找富有教育意义的微资源,以学生喜闻乐见的媒介为载体,让德育内容不再局限于单调的说教,而能更为丰富生动;另一方面,教师可以充分发掘生活中的微产品,比如一个小问题、一段小故事、一张小图片等,教师加工后将微产品再度融入新媒体,最终发挥其德育功能。这些微产品源于生活又高于生活,易引起学生的共鸣,从而引发学生主动关注,积极体验生活中的道德情境。

(四) 创作微视频,发现生活中的正能量

抖音短视频平台是一个微视频社区。用户可通过15秒的视频交代关键事件,形成自己的作品,并加上有趣的背景音效。抖音短视频以精、短、有趣、有创意为主要特点,抖音平台成为了广大年轻人的娱乐阵地。

在开展校园运动会之前,笔者鼓励学生组队拍摄运动场上最令人感动的瞬间,并将所拍摄到的图片融入视频,制作出具有创意价值的微视频(图2)。然后利用班会课,请各小组展示播放视频,并将其上传至抖音平台。以一定时间为期

限，哪个视频在线上获得的点赞最多，那么该视频将会被作为最具意义和价值的视频进行推广。在拍摄的过程中，学生带着欣赏的眼光去挖掘生活中的美；在制作的过程中，小组成员间沟通、交流、合作；在视频的播放过程中，学生切实地感受到了运动中的奋斗、拼搏精神；在视频的评比过程中，学生的自信和主观能动性得到了提升。

图 2　学生拍摄的微视频

四、效果反思

“微德育”关注学生的个性化兴趣，给学生带来正能量。教师和学生一起参与德育微内容的选择和创作时，教师可鼓励学生分享生活中遇到的问题，并在平等的基础上与学生探讨问题。教师还可以为学生的个性化创造提供帮助和多样的选择，使在传统德育过程中容易被忽略的学生个性得以凸显。经过一段时间的育人实践，“微德育”模式取得了明显的效果。例如，班主任纷纷反馈，虽然“前班级时期”的班级建设很容易成为德育的盲区，但对微信群、微博等“微德育”媒介的充分利用，为班级建设工作的开展打下了坚实的基础。学生通过此类媒介流露出的内心情感也成为德育工作者探索了解学生内心世界的新途径。

再如，经过一段时间的“晓德助手”APP 体验后，学生渐渐适应并主动运用该 APP 开启了“追梦之旅”，认为它为帮助自己认清心中的“偶像”和想成为的人提供了专业的数据分析和支持，分阶段的“打卡”也让学生的生活在信息化的助力下更加有规律和有目标。在“自组织社群”中，同伴榜样力量被激发，相互的交流探讨不仅有助于学生确定梦想、坚定信念，还让学生间形成了良性互动与竞争的发展状态。社群中导师与同伴分享的丰富资源也为学生的生涯规划提供了多样化的支持，达到了新媒体时代下间接德育的显著效果。

另外，班会课也不是单调的灌输式教育，而是师生共同设计、制作、共享资源的参与模式。班会主题课的内容丰富多彩，结合当下青少年的热点话题，通过挖掘微资源，整合微视频，渗透“微德育”。

当然，在“微德育”实践的过程中也出现了前期需要投入大量的精力和时间去筛选和审核资源的问题，同时这些资源的时效性很强，难以反复利用。为了进一步改善该问题，教师团队将会尝试高效实施资源整合、提升师生合作的效率和更系统化地梳理主题，以总结出可供参考和复制的案例和体系。

“微”字在古代是一个极小的度量单位。天下一切大事，都是从小事做起的。在新媒体时代下，观察“微现象”，发现“微问题”，开发“微资源”，关注“微体验”，相信“微德育”能顺应时代变革，成为促进学校德育微而有力的抓手。

参考文献

[1] 卢迎丽，卢旭.“微德育”模式的理论建构及实践路径[J]. 中小学教育，2019(7)：28-31.
[2] 吴莹. 共青团中央在哔哩哔哩网站上的传播经验分析——基于框架理论的视角[J]. 传播力研究，2019，3(17)：259-260.

二、数字化助力师生高质量发展

“5G +深度学习馆”赋能学生创新性学习

张哲人　郎　樱

一、实践背景

党的二十大报告中明确指出，教育、科技、人才是全面建设社会主义现代化国家的基础性、战略性支撑。培养创新人才是教育事业的时代责任。同济大学第一附属中学作为普通高中新课程新教材（以下简称“双新”）实施国家级示范校，又是上海市教育信息化应用标杆校，一直在探索如何利用数字技术赋能高质量“双新”实施，有效促进学生科技创新素养的发展，以及使具有成为科技创新人才潜质的学生极尽可能地成长。

在这个过程中，学校认识到，伴随“5G +”时代的到来，可以将数字技术作为探索研究和认知加工的工具，形成探索研究和认知学习的资源库，为师生提供合作交流的平台，赋能学生的创新性学习与创新素养发展，助力学校聚焦科技创新人才早期培养的智慧教育的探索与实践。

二、实践目标

围绕着《基础教育课程教学改革深化行动方案》中所提到的五大行动中的“教学方式变革行动”“科学素养提升行动”，学校将创建“5G +深度学习馆”（以下简称学习馆），利用数字技术搭建智慧、开放、合作的学习场域，支持学生透过现象寻求背后的规律，或借助某项任务习得探索研究与解决问题的方法。学生对具有实践性的科技项目进行创新性学习，提升自身在创新人格、创新思维与实践能力三个方面的创新素养。

三、实践探索

(一) 提出数字赋能智慧教育的建设理念

1. 自由——开启学生自学之旅

学生可以在了解学习馆场域的基础上,自主预约从学科知识拓展出去的科学探索与技术实践项目,自由选择实验,而不必总是做同样的实验。学生也可以依据自己的计划,自由支配实验探究与技术实践的时间,而不受班级课表的限制。学生还可以依据自己的能力,自由选择通过实验进行科学探究与技术实践的路径,而不受他人牵掣。

2. 合作——引导学生协作学习

学习馆将打破传统班级、年级对学生学习的限制。学生与兴趣或志趣相同的同学组成探究与实践共同体,以项目化的方式进行合作创新学习,在学习中突破个体学习的视野局限,学会反思论证与质疑创新,完成实验探究与技术实践任务,提升自身的创新实践能力。

3. 计划——助力学生自我规划

实验探究与技术实践是复杂的,需要将发现的问题转化为研究课题或项目,并进行持续性的探究与实施。在这个过程中,学生可以通过线上平台预约导师,拟定相应的课题研究或项目实施计划,科学安排研究与实施进度。学习馆将为学生提供资源检索、互动交流与成果分享的平台,支持学生的课题研究、项目实施,提升学生的科技创新能力。

(二) 构建基于"5G+深度学习馆"的学习场域

1. 建设支持学生探究的数字资源

学校充分利用学习馆内5G网络的带宽优势,组织学科教师参照各学科知识体系和学生自主学习习惯与能力,建设了各学科的数字化基础资源、专题学习资源、AR学科资源,积极组织跨校优质资源共享、远程互动教学。

2. 创设虚实结合的自主探索空间

学习馆基于国家普通高中课程体系,以数学、物理、化学、工程、人工智能等学科为主要学习内容,提供与大学先修课程和校本科学实验创新课程相配套的实验平台。学生可以开展从国家必修和选择性必修课程内容延伸拓展出去的科学实验及项目化创新性科技探究学习活动。学习馆利用5G网络与高校实现互动,借助高校和本校的"双师制"促进学生自主探索。学习馆还支持学生线上进行 AR 实验，使学生最大限度地获得真实体验，为解决真实问题奠定必备的感性认识基础。

学习馆围绕“真实情境”“虚实融合”“理实一体”进行整体架构(图 1)。教师设计真实情境下的单元学习任务，提供相应的学习指南、阶梯性的学习任务和评价建议。学习馆依据单元学习任务辅以虚实结合的学习资源，包括多样化的数字资源、实体的实验教具及科学环境。学生将通过项目化学习方式进行学习探究，学习过程中可预约导师进行线上或线下指导。学生通过个人自主探究或是小组合作方式完成科学实验，获得评价反馈，逐步在科学探究实践的过程中获得自身学习能力以及高阶思维的提升。

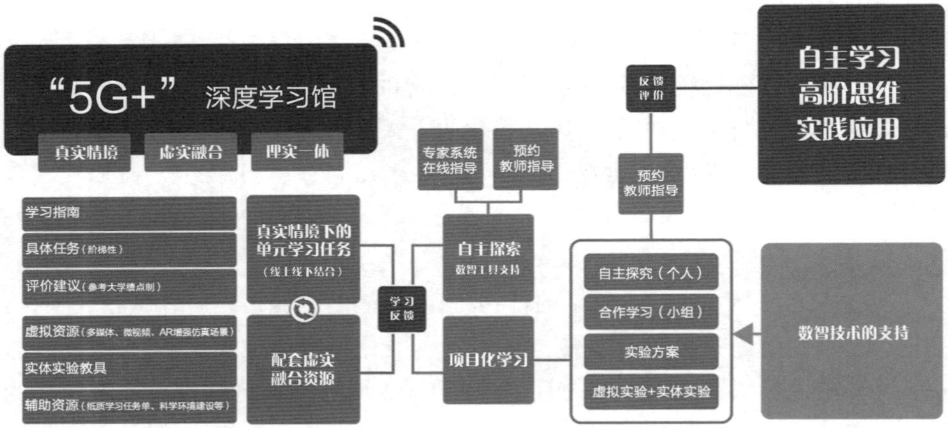

图 1　“5G +深度学习馆”设计架构

(三) 再造创新导向的探究学习方式

1. 基于真实情境的解构创新学习

学习馆建构了多种真实情境，让学生像科学家、工程师那样，围绕真实情境中的实际任务或问题，经历“观察—打破—构思—实践”的探究过程，在解构真实情境的过程中学习学科知识，在综合运用学科知识与方法，创造性完成实际任务或解决实际问题的过程中，优化自我的认知、智能与情感体系，发展自身的创新素养。

学习馆倡导“打碎机器”，即将理论和实践融为一体的创新性学习。“打碎机器”的想法源于学校实验室墙上一名英国科学家的语录，“年轻人要打碎机器以学习如何使用”。机械化、公式化的教学只会阻碍学生的成长，只有无数次的动手实践，才能激发更多可能性和创造性。2025 届的小周同学平时的兴趣爱好是开展计算机编程，他早早地就在学校的数字基座上抢到大学导师的“智能驾驶”课程。他在学习自动控制汽车运动时遇到了难题：汽车如何在不同的速度下顺利地转弯呢？这是生活中开车时常见的场景，却成为他编写车辆运动程序的一大障碍：车轮转速和转向的角度应该如何合理调配？

我们并不希望学生用数字技术快速获得答案，这也不是学习馆倡导的学习方式，恰恰相反，我们更希望在学习馆内，数字技术能够使学生学习的步伐放慢。学习馆提供数学、物理、化学、工程、人工智能等学科的实体学具，并辅以大量数字化的学科基础资源、专题学习资源、交互式全息 3D 数字资源等（图 2），还配备一名 AI 数字人学习助手。小周同学通过和 AI 数字人互动问答，了解到传统汽车中解决左右轮差问题时用到的是一个差速器装置。数字人还能提供差速器的 3D 全息模型，让原理和结构一目了然。运用学习馆中差速器的实体学具，小周同学能在虚实结合的场景中反复观察摸索，逐渐关联到所学过的三角函数、圆周运动角速度和线速度等理论，进而推导出现在汽车制造中用到的阿克曼转向公式，解决自动转向运动的问题。这种具有高度沉浸感的虚实结合自主探索空间，能更好地发挥数字资源的能效。这种教学方式不是单向灌输理论，而是让学生在互动实践中摸索。

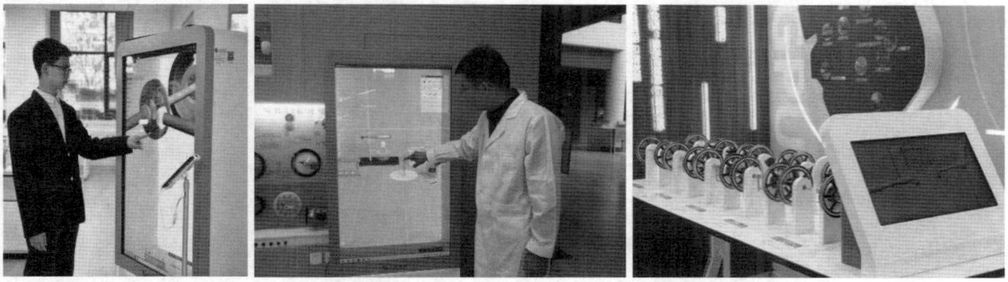

图 2　交互式全息 3D 数字资源和实体学具

2. *以反思为基础的迭代创新学习*

在教师的针对性指导和资源支持下，学生依托学习馆对学习行为与结果数据的分析与反馈，开展反思总结。学生针对探究与实践中存在的问题及时完善学习计划，不断调整探究与实践的过程与行为，如此周而复始、螺旋上升，不断迭代更新学习方法，直到取得创新、获得自身创新素养的新发展。

当学生组团开展从国家教材拓展出来的具有挑战性的实践活动，在导师的指导下有计划地开展实验时，学习馆的项目化信息平台就开始从实验方案规划、实验步骤、实验数据、实验分析、实验结果等方面完整地记录实验历程（图 3）。所采集的数据包括通过物联传感自动获取的实验数据、实验分析结果，学生动手操作的全过程视频。数据记录有助于学生回溯整个实验历程,对比分析实验误差产生的原因。学生在项目导师的指导下,利用学习馆的实验设备、数字化工具,将创新性学习成果转化为科创课题,从而培养用数据说话、科学质疑、循证求真的科学精神。数字技术不是为了加快学习的进程,而是提供支持学生科学探索和认知加工的学习支架。

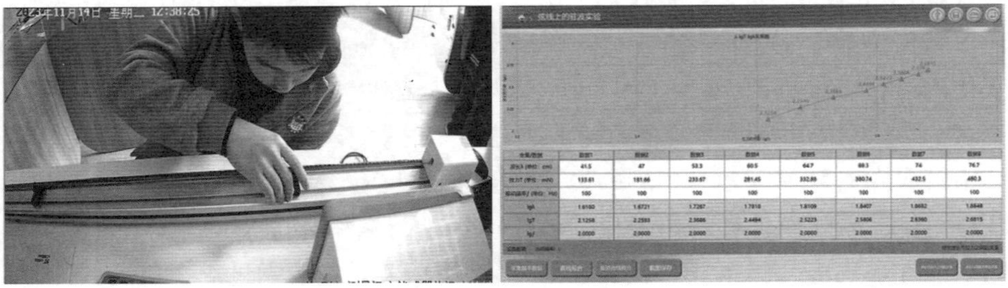

图3 实验历程和实验数据全记录

(四) 设计学生学习质量反馈体系

1. 开发学生实验数据治理系统

学校与中国联通公司合作开发了学生实验数据自动采集与分析系统。该系统能够基于实验操作环境实施数据采集、分析和管理,自动记录学生的实验过程。系统对数据进行智能处理,能为学生提供实验行为与结果的可视化统计分析报告。

2. 研制学生创新素养评价工具

学校与华东师范大学合作研制了学生创新素养评价工具,包含学生创新素养评价量表、学生创新行为观察量表。教师可以结合实验数据自动采集与分析系统,在学习馆中提取学生在各学习阶段的学习表现数据,对学生的科学素养水平进行评估;借助大数据模型,对学生的项目化创新性学习情况进行“数字画像”的描绘。通过数字赋能学习过程与素养评价,将评价嵌入项目式创新性学习全过程,使学生既注重学习结果,又关注学习过程,促进学生创新素养的发展。

四、效果反思

(一) 效果

基于“5G +深度学习馆”的项目化创新性学习是学校探索数字赋能智慧教育、推进科技创新人才早期培养的重要课程教学项目。本课程教学项目为推动学生学习方式的改变提供了可借鉴的经验,也间接促进了教师教学行为的改变,提升了教师专业水平。具体而言,有以下四个方面的成果与成效。

1. 学科教学实现了基于循证的优质均衡

学习馆通过线上与线下融合的途径,目前提供了 47 套配备学具的精品课程资源(其中数学课 20 套、物理课 20 套、汽车制造相关课程 2 套、跨学科实验课程 5 套),后续还会继续增加资源建设与供给。每一名学生都能够享有高质量的课程学习资源,使学科教学和学习资源与学生达到最优的适配效果,基本实现了高质量的教育。

同时,学习馆利用数据治理系统对学生的项目化创新性学习进行分析、诊断,让指导教师更加及时和清晰地了解学生的创新素养发展情况,进而更加有针对性地进行指导,进一步落实了因材施教,让不同的学生实现不同类型、不同程度的创新素养发展。

2. 学生的学习方式发生了根本性转变

学习馆的创设为学生的国家必修与选择性必修课程学习展现了更为广阔的科技领域中的神奇现象与成果应用实例,激发了学生在国家课程教材基础上进行拓展探究与创新学习的兴趣及志趣。同时,学习馆的创设还让学生树立了"自由、合作、计划"这一数字赋能智慧教育的理念,从国家必修与选择性必修课程的学习,走向跨学科项目化创新性学习。学生学习方式的根本性转变,为其创新素养的发展提供了接口和通道。

学生学习方式根本性转变的具体表现如下。

在学习馆中,学生首先通过实验在做中学,感受科技领域的神奇现象与成果应用,进行拓展实验探究;再登录创新性学习项目的发布平台,查阅项目菜单与各项目的概况介绍、目标任务、成果形式和评价要求,从中选择申请适合自己需求的探究性学习项目。

与此同时,学生选择同班、跨班或跨年级的合作方式,填报个人基本信息、特长爱好和对团队成员的期望;经过后台技术匹配,结合学生个人意见的调整与确认,完成项目化创新性学习团队的组建。

随后,团队负责人带领团队成员,参考数字平台发布的项目申报书模板与示例,设计项目方案并上传至平台,接受团队互评和导师指导,完成项目论证;再根据经过论证和优化的方案,基于数字平台相关项目资源的支持和项目导师的指导,组织团队成员分工合作,利用学习馆的实验设备、数字化工具,实施项目化探究性学习,获得项目化创新性学习成果。

最后,各团队在规定的时间内上传包括结项报告文本、结项报告 PPT、多媒体资源包、团队成员分工和结项汇报视频在内的材料。团队借助网络平台可相互评价、提问答辩，综合导师的评价和指导，各项目团队发布体现团队创新素养发展水平的项目化创新性学习成果。

3. 学生的学习质量和创新素养明显提升

学习馆创造了更具吸引力和趣味性的学习环境，学生人均每周进入学习馆学习体验的次数约为 4.5 次，平均周学习时长约 3 小时。学习馆激发了学生的学习兴趣和积极性，推进学生从被动接受到主动学习，引导学生从理解知识到整合和综合应用知识，整体实现了从浅层学习向深度学习的转变。

学生科创研究氛围更加浓厚，孵化了以“一种基于磁针偏转识别的环境磁场检测方法及应用探究”为代表的多个课程研究或项目。在 2023 年上海市青少年科技创新大赛中，本校学生获得奖项的数量与等级均创新高（图 4），其中 3 名学生荣获一等奖，9 名学生荣获二等奖，7 名学生荣获三等奖；周同学在第六届世界顶尖科学家科学 T 大会成为“Sci-Ter”（科学青少年），荣获全球发明大赛世界赛二等奖；梁同学入选 ISEF（International Science and Engineering Fair，国际科学与工程大奖赛）国家队，摘得第 74 届 ISEF 四等奖。

图 4　科创人才涌现

4. 示范场景惠及全国范围内更多学生

学习馆赋能师生信息意识、创新素养的培养，使数字化教学从辅助线下教学到与线下教学融合，形成了可复制、可推广的学校数字基座赋能学生创新性学习的路径与策略，受到全市教育同行的关注和认可。该场景已成为上海市城市数字化转型“揭榜挂帅”重点示范场景。“学习强国”、解放日报、上观新闻、上海电视台、上海教育电视台等多家官方媒体都曾报道宣传学习馆。

（二）反思

在实践的过程中，对学生科学素养的评价始终是一个复杂且有挑战性的任务。回首过去，学校虽然对科学教育的开展实施已有了一些认识和创新性实践经验,但同时也面临着更多需要进一步解决的挑战和问题。

传统的评价方式往往过于注重学生的知识掌握程度,而忽视了他们的科学探究能力、创新思维和批判性思维的培养。在"5G +深度学习馆"中,该采用何种方式来反映学生的科学素养呢?随着信息技术的发展,大数据、人工智能等新技术为科学素养评价提供了新的可能性。学习馆已经开始利用这些技术收集和分析学生在学习过程中的各种数据,但目前距离全面地了解学生的学习情况和科学素养发展状况还有很长一段路。

展望未来,学校计划与高校合作,共同致力于构建一个多元化、全面性的科学教育评价体系。这个体系能全面反映学生的科学素养,包括知识掌握程度、科学探究能力、创新思维和批判性思维等方面。同时,这个体系还应该具有灵活性和可操作性。

总之,每个学生都是独一无二的,他们的学习方式和兴趣爱好各不相同。科学教育的最终目的是让学生提升综合能力。尊重学生的个性差异,提供多样化的评价方式和工具,才能让他们能够在自己擅长的领域得到充分的发展。

参考文献

[1] 杨俊锋,施高俊,庄榕霞,等. 5G +智慧教育:基于智能技术的教育变革[J]. 中国电化教育,2021(4):1-7.
[2] 侯海冰. 场域概念下学生深度学习的环境创建[J]. 教育理论与实践,2021,41(5):7-10.
[3] 郭华. 深度学习的五个特征[J]. 人民教育,2019(6):76-80.
[4] 徐淀芳. 以教学方式变革和信息技术应用为抓手,深化课程改革[J]. 上海课程教学研究,2019(2):3-7.
[5] 吴南中,李健苹. 虚实融合的学习场域:特征与塑造[J]. 中国远程教育,2016(1):5-11.

技术赋能历史学习

——以“全球航路的开辟”一课为例

杨　帆

一、实践背景

习近平总书记强调，要因应信息技术的发展，推动教育变革和创新。科学技术的进步赋能教育，促进了教育手段的多样化，改变了传统课堂的教学模式，为教育的发展注入了新的活力。

线上教学的优势已经获得教师和学生的高度认可。第一，线上教学有非常丰富的教学资源，大大丰富了学习内容，拓展了学生的视野；第二，线上教学还可以跨越时空的阻隔，学生可以随时提出问题，教师可以及时解答问题；第三，教学的过程可以被全程记录下来，学生可以回放无数次，还可以共享一些名校的教学资源；第四，学生的学情数据可以实时更新，快速被处理，有助于教师有针对性地开展教学活动。

当然，线上教学存在一些明显的不足，例如，教师无法判断学生真实的学习状态，无法根据实际的需要及时调整学习的内容与进度；师生缺乏面对面的交流，教师无法通过肢体语言对学生产生无形的影响，缺乏一定的灵感碰撞；受制于网络的稳定性，有时也会出现一些噪声或者有信号中断的情况，从而影响学习环境，耽误学习时间；线上学习对于学生的自制力提出更高的要求，学生普遍反映线上的学习效率没有线下的高；线上学习也会对学生的视力造成一定的影响。因此，融合线上教育与线下教育的优势，以信息化赋能教学，提高教学效率势在必行。

二、实践目标

为了充分发挥信息化的优势，让课堂“活起来”，首先，要利用信息技术快速收集学生的数据，起到了解学情和课堂点名的双重作用；其次，利用信息技术实现多人同时互动，扩大参与面，提高课堂效率；再次，利用信息的实时共享性，看到其他学生的信息，从而构建自评和他评相结合的学习模式；最后，利用网络上丰富多样的学习资源，让学生学会提取信息、整理信息，比较和辨别信息的真伪，尝试从不同来源、性质和目的的信息中找寻和自己所论证问题相关的材料，尝试验证以往的看法或者提出新的解释。下面笔者以《中外历史纲要（下）》第六课“全球航路的开辟”为例具体谈一下做法。

三、实践探索

（一）教学内容

1. 内容主旨

本课内容属于《中外历史纲要（下）》第三单元“走向整体的世界”，是世界近代史的开篇：15 世纪之前，世界各大文明区域独立多元发展。随着商品经济的发展，一些无畏的追梦者冲破传统观念的桎梏，开辟连接世界的航线，割裂的世界从此有了全球的坐标。

2. 教学目标和重难点

利用全球航路开辟的示意图，学生能够通过自主探索，构建起 15—16 世纪世界发展的时空概念；学生能利用教师给的资料和自行在网上查找的资料，自主发现全球航路开辟的动因和条件并加以论证。在此过程中，学生感悟航海家的胆识与魄力，学习他们勇于挑战自己、不断创新的精神。

新航路开辟的动因是本课的重点也是难点。

（二）具体实践

1. 快速检测，掌握学情

针对学生课前预习的内容，教师利用腾讯会议线上投票功能布置 4 道选择题。线下教学中，教师手工批改作业，存在时间长、效率低的问题。线上教学中，学生人手一个移动终端，进行线上投票。这种方式一方面可以直观反映哪些学生参与投票，哪些学生没有参与投票，对于没有参与的学生，课后可以进一步了解其未参与的原因是技术问题还是没有上课，起到线上点名的作用；另一方面可以让教师快速了解学生预习或者上课学习的情况。例如，笔者在课前发起预习投票（图 1），从本轮投票结果来看，学生对于全球航路开辟的原因（第 2 题）以及全球航路开辟的过程（第 4 题）正答率比较低，而这两部分的内容也是学生在本节课必须掌握的内容，学生需要进一步强化理解。第 1 题和第 3 题的正答率比较高，个别学生理解错误，可以通过个别辅导（线上投票可以定位到个体）进行解决。

图 1　预习投票

2. 互动性强，参与度高

在讲述全球航路开辟的过程时，教师利用腾讯会议互动批注的功能，请各小组代表用不同颜色的笔（做好标注）在世界地图上画出课本中提到的主要航线。教师与学生结合相关史实，开始语音互动，讨论“为何课本命名本节课为‘全球航路的开辟'?"线上教学和线下教学最大的不同在于学生和教师的距离,线下固定的教室存在学生和教师的距离远近不一的问题,而线上教学中,所有的学生和教师的距离是一样的,学生离黑板也是等距的。互动批注的功能可以模拟学生在黑板作答的过程,参与性比较强,是学生非常喜欢的一种参与形式。

3. 资源共享,实现自评与他评

网上存在很多的教学资源,学生人手一个移动终端设备,在线上上课的时候就可以充分利用网络方便地查阅资料,实现资料的共享。本节课,笔者设计了讨论主题。请学生根据教师给出的线索或者自己查找到的资料,思考讨论主题。笔者采取小组讨论的模式,组内的学生可以通过腾讯文档进行资源的分享。此外,笔者给不同层次的学生搭建了不同的"台阶",设计了一个学习表格(表1),一方面充分发挥学生的主观能动性,鼓励有想法有能力的学生主动发现问题并解决问题;另一方面给学生一定的抓手,照顾一些没有目标、主动探究能力弱的学生,调动尽可能多的学生参与课堂的积极性和主动性。

表1 讨论环节表格

讨论主题	子主题	观点
资本主义萌芽与商品经济的发展	①有了资本主义萌芽是否就一定会导向全球航路的开辟?②如果全球航路开辟完全是这一背景导致的,那么全球航路开辟最有可能发生在什么时间?③与同时期的西欧相比,中国是否也具备同样的历史背景	
专制王权与民族国家	①王室支持航海,自身具备什么条件?②同时期的中国有专制王权吗?同时期的中国专制王权在中国历史进程中起到了怎样的作用?③既然专制王权在西方历史上起到积极作用,那么西方为什么不一直实行王权专制	
东西方不同的文化传统	①为什么是西方开辟全球航路,而具备同样客观条件的中国却没有开辟全球航路?②西方开辟全球航路时具备了哪些主观因素?中国是否具备	
你的看法	……	

此外,腾讯文档可以实现多个学生同时进行编辑,节约回答问题的时间,同时扩大学生的参与面。学生不仅可以自己回答教师提出的问题,还可以对其他学生的回答进行点评和补充;另外,学生可以针对教师提出的多个问题进行选择回答,学生有更多的主动权。通过这个环节的设计,学生对于全球航路开辟前后政治、经济、文化、宗教等原因进行深入的讨论,这为学生全面、充分认识本课的重难点知识提供了抓手与途径。

四、效果反思

通过本节课的设计，笔者认为线上课堂有以下的优势可以弥补线下课堂的不足。第一是能及时反馈，腾讯会议的投票功能和互动聊天功能，帮助教师及时了解学情，适时作出调整。第二是增强了互动性，在腾讯文档，多名学生可以同时参与回答，节约上课时间，学生之间可以进行资源共享，互相查漏补缺，实现师生、生生之间的互动。第三是能实现资源的整合，可利用线上投票的功能完成课前检测，利用互动批注的功能培养学生的时空观念，利用互动交流的功能培养学生的历史解释能力。所有的互动都可以在腾讯会议中进行，可避免各种软件的相互切换造成的时间消耗和技术上的不熟练。第四是改变了学习方式，教学从原来的单向灌输变成多向沟通，教师不再局限于知识的讲授而更加关注学生能力的开发，从而引导学生从被动接受到主动思考，提高学生的学习兴趣。第五是基于大数据强大的追踪、处理和分析数据的能力，教师可以考虑将评价的时间拉长，对于学生的易错点可以反复多次地训练，帮助学生不断地巩固提高。

当然，在实施的过程中也暴露出一些问题。一是需要学生对课文内容进行提前预习，一些没有提前预习的学生不能按时完成相关问题的作答；二是受网络的稳定性和时效性影响较大；三是时间的控制和把握不如线下教学方便，有部分问题由于时间的限制未能充分有效地展开；四是部分学生对于线上软件操作得不熟练，课堂的互动性大打折扣。针对暴露出来的问题，后续将进一步思考解决措施。

参考文献

[1] 陈振娇，熊璋. 大力推进教育数字化[N]. 人民日报，2022-12-05(09 版).
[2] 徐蓝，朱汉国. 普通高中历史课程标准(2017 年版 2020 年修订)解读[M]. 北京：高等教育出版社，2020：53.

信息技术助力高中历史学习流程革新的实践探究

陈文婷

一、实践背景

伴随着信息技术的飞速发展，当代青少年的阅读方式与认知模式都产生了巨大变化。积极拥抱新技术，让技术赋能教学成为了时代给予教师的新命题。"双新"的实施推进也对一线教师的课堂教学提出了新的转型要求。电化教育奠基人南国农教授指出，"要重视用技术去解决教学实践中的问题，使技术产生价值，推动教育改革的深入发展"，这是每一名教师对信息技术赋能教学的应有态度。

（一）信息时代学生认知方式革新

信息化大潮汹涌而至，"互联网+"、大数据、人工智能、增强现实技术等新名词、新事物已经以不可抗拒之势融入了生活的方方面面。信息时代下教师所面对的学情正在以越来越快的速度更新，这就要求教师加快转变传统课堂的教学模式，主动适应信息化时代下学生的认知方式变革，用学生熟悉且使用便利的手段服务课堂教学，为高中历史教学插上信息化的翅膀。

（二）线上线下融合教育发展趋势

自从进入教育信息化时代，线上教学就渐渐进入人们的视野，不断涌现的慕课、微课等更是解决了困扰教育者已久的教育资源壁垒问题，突破了学习者学习时间与空间的局限性。线上教学因其便于学生共享课程资源、辅助个性化线上学习的功能而风靡全球。线上教学不再是线下教学的附属，它可以成为与线下教学一样的主流教学方式，成为一种真正意义上的、具有广泛性的教学方式，甚至通过与线下教学的有机整合，成长为面向未来的教学模式。在这一大趋势下，如何摆脱传统单一教学模式，开发切实可行的教学内容，为学生关键能力的提升搭建支架，需要教师的探索与实践。

（三）“双新”背景下的现实需求

“双新”改革实施至今，一线教师和学生的普遍感受之一就是学生学习任务的增多和考试压力的加重。教学内容加量了，考试时间提前了，考试科目增多了，环环相扣的新高考改革倒逼一线教师尽快消化改革意图，变革教学方式。如何既能保证达成新课标中对学生学业质量水平的一定要求，又不占用过多学习时间，保持学生对历史学习的兴趣？重塑传统学习流程，突出素养和能力培育或成为提质增效的突破口之一。

二、实践目标

基于上述背景，笔者试图深入探索信息技术如何助力高中历史学习流程的革新，通过具体实践来探索其在提升教学质量、优化学习体验和提升学生参与度方面的作用。

首先，充分利用数字化教育资源。教师应打破传统课堂的时空限制，进一步拓展学生的学习空间。教师汲取数字化教育资源的长处，将数字化教育资源的教学内容和教学方法移植到自己的教学中。例如，设计“走进云上博物馆”等虚拟游览活动，让学生在线上环境中亲身体验到丰富的历史资源，使课堂内容更富有趣味性和实效性。同时，通过组织分组讨论等活动，让学生在“云端”交流思想，碰撞出思维的火花，从而提升学习效果。

其次，挖掘线上即时交互软件内置功能。教师通过运用腾讯会议等软件，来增强教学的时效性和互动性。希望能充分利用这些软件的内置功能，如共享屏幕、签到、文档编辑、互动批注、分组讨论和投票等，使学生能够全方位、多形式地参与课堂。这不仅有助于提高学生的学习积极性和参与度，还能为教师提供及时的教学反馈，便于教师调整教学策略。

最后，尝试通过设计线上挑战性学习任务，重新构建学习流程。教师通过问题引领下的学习任务，引导学生利用数字化资源进行自主学习和分享交流，从而培养学生的批判性思维和创新能力。同时，教师通过线上线下融合的学习方式，让学生在实践中感受历史的魅力，提升历史学习的整体效果。

总之，笔者的实践目标是通过信息技术的运用，实现高中历史学习流程的革新，提升教学质量和学生学习体验，为技术赋能高中历史教学提供有益的探索和借鉴。

三、实践探索

(一) 实施要点

1. 引领性学习主题的确定

笔者拟以"中国古代政治制度中的'变'与'不变'"为引领性学习主题。

一方面,从主题内容看,政治制度是特定社会经济发展的产物,是国家制度和社会治理的重要内容和手段。中华文明源远流长,夏商周时期国家建立在部族联合和分封制的基础上,集权程度不高,原始民主传统仍有一定影响。经历了春秋战国的社会大变革,"天下定于一"的秦建立起中央集权政治制度,成为我国历代王朝政治制度的蓝本。秦汉至明清时期,统治阶级对中央及地方制度进行了一系列调整。纵观中国古代政治制度的形成与发展,不同阶段的政治制度的表现和内涵随社会变迁而不断变化,呈现出明显的源流、承继关系,也始终反映了实现有效统治的本质诉求。

另一方面,从学习资源看,政治制度作为研究中国古代史的重要内容之一,相关的考古、文献史料积累颇多,可供教师深入挖掘组织的数字化教育资源丰富,各类博物馆的相关主题展览多样,这些都给信息技术赋能历史教学提供了更多可能。

2. 挑战性学习任务的设计

教学实践的主体为高二学生。一方面,学生已学习的相关史实分散于《中外历史纲要》中的各课,缺乏系统性整理和归纳,不利于高阶能力培养;另一方面,选择性必修教材的文本内容高度抽象和凝练,不利于学生形成丰富充实的认知,进行历史的理解和评价。

基于已有知识储备,学生对于主题所涉及的各朝代政治制度有所了解,能基本辨识不同史料所反映的政治制度,能在教师的引导下建立基于朝代时序的发展脉络,形成"由点到线"的认识。但是学生对于制度变化的原因和实质等抽象概念的认识尚有不足,即只注意到不同朝代政治制度的变化,却不能很好地将变化定位在具体时空框架下理解,或将变化简单解释为"加强皇权,削弱相权"等主观因素。笔者希望通过挑战性学习任务,帮助学生建立"点—线—面"的立体认识,探寻变化表象下的不变本质,对国家制度与社会治理间的关系形成一定认识。

因此,笔者尝试以选择性必修(以下简称"选必")1《国家制度与社会治理》第

1课“中国古代政治制度的形成与发展”为依托，贯通《中外历史纲要(上)》中中国古代史的相关内容，重构学习流程。通过设计系列挑战性学习任务，结合信息技术，开展信息化背景下的历史教学新尝试。

(二)实施过程

课程具体实施过程见表1。

表1 课程实施过程

环节	学习任务	技术支持	设计意图
课前预习	观看/聆听课本原文朗读视频/音频	自制视频素材	激活已学知识，熟悉教材内容，做好上课准备
导入 中国之名始于何	回顾《中外历史纲要(上)》第1课课本材料“何尊铭文中的中国”。开启“宅兹中国——河南夏商周三代文明展”的“云上”观展，感受中华文明多元一体的特质，思考中华文明绵延不断的深层原因	腾讯会议共享屏幕功能、上海博物馆“云游上博”网页	主题内容以制度变迁为主轴，内容相对抽象。从现实生活出发来组织教学活动，激发学生的学习兴趣，顺势导入第一环节的教学。同时以《中外历史纲要(上)》第1课呼应选必1第1课，帮助学生理解选必教材与必修教材间的联系，促进知识贯通
环节一 中国之政起于洛	利用相关网页和电子导览资源，使用智慧个人终端参观“宅兹中国——河南夏商周三代文明展”。在云观展的过程中，进行以下挑战性学习任务并进行在线交流： (1) 根据展览，结合《中外历史纲要(上)》所学，梳理夏、商、周三代政治制度的名称，并从展览文物中选取三件具有代表性的展品，辅助说明三代政治制度的各自内涵； (2) 结合地图和展览内容，比较内外服制与分封制的异同，运用展览资源论述导致差异的原因； (3) 回顾展览内容，梳理“河南夏商周三代文明展”的展陈逻辑和呈现内容的各类形式	腾讯会议共享屏幕、语音交流、分组功能；上海博物馆“云游上博”网页	充分运用信息技术和线上博物馆资源，一方面拓展学习空间，以具体而生动的文物形象链接所学知识；另一方面通过展览拉近学生与抽象政治制度间的距离，构建学生对制度的具体认识。学生在浏览线上文物展的过程中，通过任务(1)选择恰当的史料论述相关史实，锤炼史料实证核心素养。通过任务(2)将史实定位至具体时空框架下进行认识，理解历史上的变化与延续，提升唯物史观、历史解释素养。借助任务(3)的实例，学习历史探究的主要方法及论述长时段史实的一般路径

（续表）

环节	学习任务	技术支持	设计意图
环节二 中国之政定于秦	听老师讲述咸阳宫祝寿宴会上的故事，思考“双方辩论的问题焦点是什么”。结合教材中“皇帝”制度的由来及“睡虎地秦简”阅读材料，绘制秦中央官制与地方制度的示意图。圈划教材关键句“中央集权政治制度确立于秦朝”，理解秦朝政治制度的特点和中央集权制度的初创。结合“书同文”材料，了解秦代文书制度对社会治理的重要作用	腾讯会议共享屏幕、批注、语音交流、聊天区留言功能	通过补充历史细节，说明前代的政治制度仍有相当大的影响，呼应上一环节。引导学生养成关注文本细节的习惯，提升利用历史图表等方式对相关史实加以描述的能力。通过对文献史料的解读，引导学生比较秦朝与前代制度的区别，对中国古代政治体制在秦朝建立前后的巨大变化形成明确认识
环节三 中国之政变与行	迁移环节一任务(3)中习得的方法，构建情境“假如我是策展人”，进行挑战性学习任务(4)：以小组合作形式完成“秦汉至明清政治文明展”的策划； 围绕“秦汉至明清政治制度的演变”，完成史实梳理表格，根据史实，参考教材逻辑，小组讨论确定展陈逻辑框架	腾讯会议文档共享(图文资料包)、分组讨论、语音交流、聊天区留言功能	本环节相关史实大多已在必修课程中学习过，学生通过共享文档中的表格即可激活相应知识。在此基础上，展陈框架即是对演变线索的探究，学生通过小组讨论从历史分析、央地关系等多角度梳理演变线索，达成学习目标
	在确定展陈逻辑框架的基础上，以《中外历史纲要(上)》的教材、地图册、练习册资源为主，以智能终端(手机、平板电脑、计算机等)查询到的网络材料为辅，分别收集、整理相关典型实物、文献史料，撰写板块导语，填写共享文档，完成简要策展方案	腾讯会议分组讨论、语音交流、文档编辑功能	启发学生充分运用手头已有的教材、地图册、练习册中的相关史料和资源，辅以信息化手段，帮助学生转变学习角色，从单纯的知识接受者成为知识的输出者。 通过选取典型史料和撰写板块导语，使学生能够选择、组织和运用相关材料，并使用相关术语，对个别或系列史实提出自己的解释，提升史料实证和历史解释素养
	上传各小组的策展方案至共享文档。介绍本组策展方案，接受同伴的质询和建议。 互评各组策展方案，投票选出最佳方案	腾讯会议共享屏幕、文档共享、投票、语音交流、聊天区留言功能	引领学生围绕学习主题，以合作形式积极参与学习过程，掌握学科的核心知识，应用学科的思想方法。借助信息技术的实时交互功能，提升同伴的示范引领作用，激发学生的学习动机，增强教学反馈，提升教学成效

（续表）

环节	学习任务	技术支持	设计意图
总结提升	以得票最高的小组的策展方案为模板，各小组拟定展览结语与主标题，结语要求体现“秦汉至明清政治制度演变”的趋势和本质，主标题要求凝练。择优进行交流，教师总结本课内容	腾讯会议共享屏幕、投票功能	通过实时互动功能呈现学习成效，延续本课的主要挑战性学习活动，以展览结语和标题命制的方式总结全课。启迪学生体会中华传统制度文明“变”与“不变”的辩证统一，加深对中华民族制度文明的认同感，贯通古今，增强制度自信

四、效果反思

本次教学实践旨在探索信息技术如何助力高中历史学习流程的革新，从教学效果来看，信息技术在提升教学质量、优化学习体验和增强学生参与度方面有着显著作用，具体反思与总结如下。

在充分利用数字化教育资源方面，“走进云上博物馆”的活动能使学生在线上环境中亲身体验到丰富的历史资源，打破了时空界限，留住了精品展览，提升了课堂内容的趣味性和实效性。通过切合学习主题的“云上”游览，学生能够更加直观地了解历史文物和背后的故事，增强了对历史的感知和理解。但同时也存在个别学生因为设备问题或网络不畅而无法充分参与的情况，这需要在今后的教学中加以改进，确保每名学生都能平等地享受到数字化教育资源带来的便利。

在挖掘线上即时交互软件内置功能方面，笔者积极运用腾讯会议的共享屏幕、文档编辑、互动批注、分组讨论、投票等内置功能，以相对低的学习成本增强师生线上学习的交互性和有效性，使学生实时多形式地参与课堂、随时多渠道地进行交流、及时有痕迹地提供反馈，为历史教学插上教育信息化的翅膀。然而，在软件使用过程中也有切实的困难，如腾讯会议的分组讨论功能仍不完善。免费版用户只能分成两组，小组人数过多，个别学生在讨论环节参与感不强。教师还要再摸索如何让更多学生参与讨论。

在重新构建学习流程方面，笔者通过问题引领下的挑战性任务重塑学习流程，引导学生利用数字化教育资源进行自主学习，并使用交互软件进行分享交流。教师以“观展—反思—策展—总结”的思路展开教学，培养了学生的批判性思维和创新能力，使他们在实践和思考中感受历史的魅力。从教学效果来看，大部分学生能落实教学内容，达成教学目的。但同时，也有个别学生不能按时完成挑战性学习任务，教师要加强对这类学生的指导和帮助，引导他们更好地利用数字化资源进行自主学习和问题解决。

综上所述，以本次实践为例，信息技术展现了广泛的应用场景和运用路径，展现了其在高中历史学习流程革新中的重要作用。技术赋能高中历史教学的空间和前景还很广阔，亟待每位同仁的实践与探索。

参考文献

[1] 南国农. 我国教育信息化发展的新阶段、新使命[J]. 电化教育研究，2011(12)：10-12.

[2] 李熙. 互联网+时代高校学生管理模式的转变及创新[M]. 长春：东北师范大学出版社，2016：44

[3] 黎加厚，邢星. 如何用好数字化教育资源[J]. 人民教育，2022(10)：35-38.

[4] 上海博物馆. "宅兹中国——河南夏商周三代文明展"主题页[EB/OL]. (2022-07-22)[2023-11-21]. https://www.shanghaimuseum.net/mu/upload/202208/8d3fb9ee-6ffd-4169-a443-6ce70f543d55.pdf.

卡西欧电子辞典在高中英语写作学习中的应用研究

杜佳庆

一、实践背景

（一）政策背景

根据“双新”背景下的信息化教学要求，教师要注重学生的全面发展，以培养学生的创新精神和实践能力为重点，利用信息技术支持学生自主学习、主动探究和协作交流，提高学生的信息素养和综合能力。作为教师，要从传统的讲授转变为引导以学生为中心的自主学习，利用信息技术手段创造多样化的学习资源和互动交流的平台，引导学生主动参与、积极思考和合作分享。此外，在探索与实践过程中，要将信息技术与学科课程内容相互渗透、有机融合，实现信息技术与学科课程的深度整合，通过信息技术手段提高教学效果和教学质量。

《普通高中英语课程标准（2017 年版 2020 年修订）》提出了英语学科的核心素养与课程目标。其中，学习能力目标包括：“能够多渠道获取英语学习资源，有效规划学习时间和学习任务，选择恰当的策略与方法，监控，评价、反思和调整自己的学习内容和进程，逐步提高使用英语学习其他学科知识的意识和能力。”可见，多元化的学习资源，自主学习，教、学、评一致等概念将在未来的高中英语教学中起到至关重要的作用。

（二）教学背景

高中英语写作教学在整个高中英语教学中起着举足轻重的作用。然而，传统的英语写作教学往往受限于课堂时间和教材，教师通常采取传统的方式教学，难以满足学生多样化的学习需求。在这个背景下，信息技术的应用在英语写作教学中逐渐崭露头角，而电子辞典作为一种强大的工具，为高中英语写作教学提供了新的可能性。

二、实践目标

高中英语写作教学对很多教师来说是一大难点。其中,关于词汇的应用教学是很多教师觉得尤为“头痛”的事情。众所周知,每个教师在教授词汇应用时都会有自己的局限性,所教的词汇都会有很明显的个人风格。而学生作为发展的个体,其英语学习有着无限的可能性。如果一味地接受教师的讲授,势必会降低教学效能。

本次教学实践旨在通过卡西欧电子辞典,给学生提供一种全新的学习模式,教师通过电子辞典的辅助,指导学生学会使用电子辞典,培养学生的自主学习模式,并基于一定的学案、课堂活动、评价等,提升高中英语写作的学习效能。

卡西欧电子辞典 E-XA 是一款功能丰富的工具,它不仅具备传统纸质辞典的功能,还包括发音示范、句子翻译、语法解释等多种功能,极大地方便了学生在写作过程中的查阅和学习。本文将通过介绍卡西欧电子辞典的特点,讨论其在高中英语写作教学中的实际应用,以及通过实验和效果评估研究其对学生英语写作能力的影响。

三、实践探索

(一) 卡西欧电子辞典的优势

学生可以随时随地使用卡西欧电子辞典,不再受限于传统纸质辞典的尺寸和重量。这使得学生在写作时可以更方便地查找需要的词汇和句子。无论是在教室内还是在家里,学生都可以轻松携带电子辞典,以便在写作过程中随时进行查询和参考。电子辞典的便携性为学生带来了更强的灵活性和自主性,让他们能够更方便地解决语言和写作方面的问题。

1. 词汇选择与释义查找

在写作过程中,学生常常需要准确地选择适当的词汇,以确保表达准确。卡西欧电子辞典允许学生输入单词并查找其释义、同义词和反义词,提供了多样化的词汇选择。学生需要描述一幅画时,可以输入相关词汇,查找多个形容词的释义、同义词和反义词,以挑选最贴切的词汇来增强表达的生动性。例如,教师通过卡西欧电子辞典的“英语多辞典查询”功能进行检索和筛选,向学生呈现 pleasant 和 pleased 两个单词的使用语境。教师可以引导学生观察 pleasant 所修饰的对象,如 climate、time、environment 等,得知 pleasant 通常用来修饰天气、时间和环境。而 pleased 表示由外部因素引起的内心感受。基于卡西欧电子辞典，学生通过分析和观察可以辨析词义。在科技文写作中，学生需要准确选择专业术语。通过电子辞典，他们可以查找特定领域的词汇，确保在文章中使用正确的术语，提高专业性和准确性。

2. 语法和句法帮助

高中生在写作中可能会遇到复杂的语法和句法问题。卡西欧电子辞典提供语法解释和句子示例，有助于学生理解和应用正确的语法规则。假如学生需要写一个包含定语从句的句子，他们可以输入相关句子结构，查找相关的语法规则和例句，以确保句子结构的正确性和流畅性。例如，他们可以查找如何构建一个定语从句，以增强句子的复杂性。另外，学生可能需要在文章中使用不同的时态和语态，以表达不同的观点。通过电子辞典，他们可以查找相关的语法规则和例句，以确保文章在时态和语态方面的准确性。

3. 提取话题的核心词汇

教师可以引导学生利用电子辞典提取某一话题的核心词汇，从而激发学生的话题内容图式。卡西欧电子辞典收录了龚亚夫主编的符合高中学生英语水平的《高中英语三维词汇学习手册》。在“分类查询”功能中可以搜索与个人情况，家庭、亲戚与朋友，学校生活，购物，饮食与就餐，社会与环境，问题与处理等25个话题相关的词汇。每个话题下还有若干个细分的小话题。例如，可以输入“学校生活”，搜索学校生活中关于“校规”的词汇，可以得到 school rules and regulations、do the right things、dress yourself properly、clean up the classroom、wear the school uniform、cheat on tests、talk back to teachers、make excuses for、be punished for 等词汇。教师在课堂上可以引导学生使用上述核心词汇，为学生的书面表达提供语言支持。

4. 发音示范帮助口语表达

卡西欧电子辞典还提供了发音示范功能，这对于学生的口语表达和正确读单词非常有帮助。学生可以点击单词并听取其发音示例，从而提高口语和听力技能。这一功能在高中英语写作教学中具有重要意义，因为正确的发音可以帮助学生更准确地理解和运用词汇，提高文章的质量。

5. 学习记录和反馈

卡西欧电子辞典具有学习记录功能，可以记录学生的查询历史。这对于学生追踪自己的学习进展非常有帮助，他们可以随时查看之前查询过的词汇和句子，巩固已学的知识。同时，教师也可以使用这些记录来了解学生在写作中的常见问题，提供有针对性的反馈和指导。例如，教师发现学生在使用某一特定语法结构时经常出错，他们可以提供额外的练习，并对这一语法结构加以解释，帮助学生克服这一问题。

(二) 卡西欧电子辞典在高中英语写作教学中的应用建议

1. 示范使用案例

在教学中,教师可以提供一些实际的使用案例,让学生了解如何在写作过程中使用电子辞典,提升写作能力。这些示范案例可以包括查找同义词以丰富文本,或者查找语法解释以确保句子结构正确。例如,教师可以选择一个常见的词汇,比如 happy,然后使用电子辞典查找其同义词,如 joyful、content 等。教师可以展示如何选择最适合上下文的词汇,然后鼓励学生在写作中尝试。同时,教师可以在学生使用电子辞典时下发词汇清单,帮助学生课后梳理写作中用到的词汇(表 1)。词汇清单分为原词、同义词以及学生最终使用的词汇,通过课堂交流后,教师能够更好地指导学生进行词汇的应用。

表 1 Word Bank (词汇表)

original words (原词)	alternative words (同义词)	application (应用的词)
happy	joyful、content、festive、delighted	content
helpful	accommodating、 benevolent、 constructive、favourable、conducive	conducive

2. 鼓励自主学习

教师应该强调学生可以随时使用电子辞典来解决写作中的问题,并鼓励他们在独立写作任务中积极使用这一工具,养成自主查询和学习的习惯。学生应该理解电子辞典是一个强大的学习工具,不仅可以帮助他们解决问题,还有助于提高自主学习和解决问题的能力。例如,在文章中尽量使用多样的形容词来描述所选择的季节,学生可以使用形容词来描述季节的气候、景色和活动。如果不确定如何形容,可以使用电子辞典查找同义词或适当的形容词。示例句子如下:

Autumn is my favorite season because of its crisp and colorful foliage.

Summer brings warm and sunny days, perfect for outdoor adventures.

In winter, the landscape transforms into a serene, snow-covered wonderland.

3. 语法和句法练习

利用电子辞典的语法解释功能,教师可以为学生提供语法和句法练习,让他们在实际写作中应用所学的语法知识。练习可以包括填空练习、改错练习或者句子重构练习。通过这些练习,学生可以更好地理解和掌握语法规则,提高写作的准确性和表达能力。例如,提供一个缺少单词或短语的句子,要求学生使用电子辞典查找适当的单词或短语来填空，以使句子完整和语法正确。示例句子如下：

She is ________ to the concert because she has a ticket.

学生应查找合适的词汇来填空，如 going 或 attending。

教师也可以提供一些含有语法错误的句子，要求学生使用电子辞典的语法解释功能找出错误并改正。

原句：He enjoy playing the piano in his free time.

改正后：He enjoys playing the piano in his free time.

如表 2 所示，学生通过课堂与教师互动交流，教师给予针对性的指导，并提炼共性问题，讲清句法要点，由面向个体学生的教学转为面向全体学生的整体指导。

表 2　Grammatical Correction（语法校正）

original version（原句）	polished version（改正后的句子）	grammatical point（语法知识点）
He enjoy playing the piano in his free time.	He enjoys playing the piano in his free time.	Subject-predicate agreement（主谓一致）

4. 评估和反馈

教师应该定期评估学生在写作中的电子辞典使用情况，并提供有针对性的反馈和建议。评估即查看学生的查询历史和使用记录，了解他们在哪些方面常常需要帮助。反馈即指出学生在写作中常见的语法错误、词汇问题或者表达不清晰的地方，并提供具体的改进建议。这有助于教师更好地了解学生的需求，也让学生不断提高写作技能。

（1）过程性评价

教师可以通过定期记录学生的电子辞典使用情况，跟踪他们的学习进展。例如，记录学生在每次写作任务中查词的数量、使用电子辞典的频率，以及他们是否逐渐降低了依赖电子辞典的程度。这有助于教师了解学生的学习情况和进步速度。在课堂上，教师可以提供即时反馈，特别是在学生使用电子辞典时即时发现错误或有待改进之处。这种及时反馈可以帮助学生立即纠正错误，提升他们的学习效果。

（2）终结性评价

在终结性评价中，可以设计一个综合性写作任务，要求学生在其中运用电子辞典。这个写作任务可以包括各种文体，如文章、报告或研究论文，要求学生独立完成，以展示他们的综合能力。在终结性评价结束后，鼓励学生进行自我评估和反思，要求他们思考在电子辞典使用方面的成长和不足之处。学生从各个维度进行自我评价（表 3），并提供一份自我反思报告。这有助于学生更深入地理解自己的学习需求和进步空间。

表 3 自我评价量表

评价维度	评分范围(1～5 分)	评价说明
查词准确性		1 分:频繁地查错、选择词汇不准确
		2 分:有时查错或选择不准确的词汇
		3 分:查词相对准确,但偶尔出现错误
		4 分:查词准确,几乎没有错误
		5 分:查词极其准确,没有明显错误
词汇丰富度		1 分:词汇极其有限,表达贫乏
		2 分:词汇有限,表达相对贫乏
		3 分:词汇一般,表达基本满足要求
		4 分:词汇丰富,表达较为丰富
		5 分:词汇极其丰富,表达非常丰富
语法正确性		1 分:语法错误频繁、句子结构混乱
		2 分:存在较多语法错误和句子结构问题
		3 分:语法错误偶尔出现,但不影响理解
		4 分:语法基本正确,只有少量错误
		5 分:语法几乎无错误,句子结构清晰
表达清晰度		1 分:表达非常混乱,难以理解
		2 分:表达较为混乱,需要仔细阅读理解
		3 分:表达一般,需努力理解
		4 分:表达较为清晰,容易理解
		5 分:表达非常清晰,易于理解

5. 分享资源和技巧

教师应鼓励学生分享他们在使用电子辞典时发现的有用资源和技巧,以便其他学生也能受益。学生可以互相交流他们的电子辞典使用经验,分享有用的单词、短语、语法规则或者发音技巧。例如,学生正在学习关于环境保护的话题,他们可以分享与环保相关的词汇,如 sustainability、recycle、renewable energy 等。这种知识分享有助于建立学习社区,促进学生之间的合作和互助。

四、效果反思

高中英语写作教学是培养学生语言表达能力和思辨能力的重要环节。随着信息技术的飞速发展，电子辞典成为了学习和教学的重要工具之一，尤其是卡西欧电子辞典，以其丰富的功能和便携性在高中英语写作教学中崭露头角。然而，在实践过程还是碰到了一些问题。例如，卡西欧电子辞典的使用使学生产生了依赖心理，有些学生在遇到问题时过于依赖工具，而不愿主动思考；虽然卡西欧电子辞典提供了大量权威辞书，但与纸质书籍相比，学生的阅读体验可能相对不佳。另外，学校使用的是公司提供的机器，而卡西欧电子辞典的价格相对较高，不是所有学生都能承受得起，这也是短时期内电子辞典难以推广的一个重要原因。

从学习方式来看，高中生的学习习惯已经养成，自主学习能力参差不齐。因此，应用电子辞典仍需要合理的引导和监督，以确保学生能够正确、有效地利用这一工具。未来的研究可以进一步探讨电子辞典在不同年级和水平学生的英语写作教学中的应用效果，以进一步完善教学方法和提高学生的写作水平。

参考文献

[1] 中华人民共和国教育部. 普通高中英语课程标准(2017 年版 2020 年修订)[S]. 北京：人民教育出版社，2020.

[2] 李春燕. 卡西欧电子辞典在高中英语词汇教学中的应用[J]. 中小学外语教学(中学篇)，2013(12)：42-46.

[3] 郑津. 利用电子辞典辅助高中英语写作教学的研究[J]. 新课程教学(电子版)，2014(4)：76-82.

[4] 孔德麟. 电子词典在高中英语作文讲评课中的应用研究[J]. 山东师范大学外国语学院学报(基础英语教育)，2014，16(3)：36-43.

[5] 刘敏. 多元评价法在高中英语写作教学中的实践和研究[J]. 试题与研究，2019(1)：138.

[6] 瞿兆红. "以读促写"在高中英语写作教学中的应用研究[J]. 当代教育实践与教学研究(电子刊)，2018.

[7] 张晶晶. 运用卡西欧(CASIO)电子词典使英语阅读课更高效[J]. 山海经：教育前沿，2021(10)：156.

[8] 鲁晓彤. 驱动—促成法在高中英语写作教学中的应用研究[D]. 沈阳：沈阳师范大学，2021.

[9] 牟晓霞，李佳伊，杨梅，等. 计算机辅助教学在高中英语写作能力培养中的运用研究[C]//北京中教智创信息技术研究院. 新课改背景下课堂教学方法与手段的有效性研究科研成果集(第四卷)，2017：8.

[10] 徐蕙裳. "认知-过程"写作模式在高中英语写作教学中的运用[J]. 教学研究，2009，32(2)：87-90.

[11] 李慧钰. 国际版线下考试可携带卡西欧电子辞典入场[J]. 留学，2021(6)：22.

多模态资源在高中英语阅读学习中的应用研究

李　芳

一、实践背景

随着信息技术的不断发展，学生获取信息的途径不仅是书面文字，还有图片、音频和视频等多模态媒介。社会数字化发展也对学生获取信息的能力提出了内在要求。《普通高中英语课程标准(2017 年版 2020 年修订)》对高中生英语语言运用能力提出要求，即高中生要能在更加广泛的语言情境中，熟练地整合性运用已有英语语言知识，准确理解多模态语篇传递的要义和具体信息，推断作者的意图、情感、态度和价值取向，提炼并拓展主题意义。随着“双新”改革的不断推进和信息技术的飞速发展，多模态资源的整合与运用已成为教育领域创新的重要方向。对于教师而言，传统的英语教学存在许多局限，比如课堂教学氛围沉闷、学习形式枯燥、学生学习积极性不高等。因此，教学中如何利用多模态资源激活英语课堂、培养学生的英语语言能力成为当下英语教育教学改革的一项重大议题。基于此，本研究将多模态资源引入英语阅读教学，结合沪教版高中英语教材阅读板块，剖析多模态资源在课堂中的应用路径，阐述如何在阅读教学中有机渗透多模态学习资源，落实学科核心素养的培养。

二、实践目标

多模态话语分析理论认为除了语言之外的其他符号资源(声音、图片、视频、动画等)都有实现交际的功能。阅读是语言学习的重要途径，在阅读教学中融入多模态资源有助于学生主动学习和建构语言知识，探究主题意义，提高思维品质。在阅读教学中引入图片、声音、视频等多模态资源的实践目标具体如下。

(一) 借助图片，促成深度学习

对于某些阅读文本，学生需要一定的背景知识才能很好地理解文本的深层含义。阅读情境如果与学生生活经验脱节，就很难引发共鸣，进而影响学生的深度学习。因此，教师在教学设计中可使用有效整合的图片资源，激发学生的感知，引发共情，解读文本意义，促成深度阅读。

(二) 引用视频资源，丰富学习体验

传统的阅读课堂中，教师通常以语篇分析为主要教学手段。对于学习者来说，单一的学习形式容易使其英语学习兴趣逐渐弱化，进而影响学习效果。有教学研究表明，对于外语学习者而言，在实际的语言学习中，他们更加倾向于接受来自文字、色彩、图片、音频、视频等多种模态符号的刺激。基于此，教师在阅读语篇中适时引入视频资源，可以激发学生的阅读兴趣，丰富学习体验，引导学生感悟内涵，增强文化意识。

(三) 设计个性化微课，赋能自主学习

微课打破时间和空间的局限，在课堂之外让学生反复体验、欣赏语言之美，促进学生的语言习得。语言教学从来不是一蹴而就的。学生在上完一堂阅读课后，需要巩固所学的语言知识和技能，将所学知识进行迁移，形成自己的知识和经验。一个基于学情而提供的微课资源，将为学生的自主学习提供强大支持。本研究中教师将尝试在阅读课堂之外应用微课，让学生在相对充裕的时间里，在任务驱动下，掌握某一单元的语言知识，发展语言能力。

(四) 融合多模态教学任务，链接高阶思维

思维的发展需要经历直观行动思维、具体形象思维和抽象逻辑思维三个阶段。多模态资源的教学模态丰富，有助于教师运用多种教学方法(听说法、视听法、情境教学法等)开展教学，帮助学生从解码表层信息到理解中层内涵，最后明白深层意义。在阅读教学任务设计中，可引入非语言模态的图表、音频、视频，帮助学生梳理文章信息，并为后续阅读活动调动思维。

三、实践探索

(一) 图片激活思维，提升文化意识

在沪教版高中英语选择性必修教材第四册第三单元的课文 *Would you eat*

it 中,开篇讲述了东南亚渔民 Mohammed 从事捕鲨,割下鱼鳍,获得制作鱼翅的原材料,以此来养家糊口。教师在第一课时的授课过程中,引导学生观察教材中 Mohammed 所在海域一片猩红的图片后,通过提问和追问,监控和评价学生对该语篇的深层理解。教师提问:What kind of fisherman is Mohammed? What does the detailed information in paragraph 1 indicate about fisherman Mohammed? When did he go to work? What are you doing at five o'clock in the morning? How about the fishing equipment in the picture? Why didn't he use the advanced fishing equipment? What about the sharks in the picture? How do you feel? 教师通过引导学生分析图片资源,激活学生思维,在问题链的指引下,引导学生对事物作出正确的价值判断,理解文本和图片所传递的信息,培养学习能力。

又如,第三单元课文 *The good, the bad and the really ugly*,文中提到汉堡是作者家庭食物当中碳足迹最大的。"They have the biggest carbon footprint because they come from cows. In the USA, cows create the same amount of greenhouse gases as 20 million cars." 教师让学生思考,为什么美国的牛产生的二氧化碳量是 2 千万汽车尾气的总和。实现深度阅读需要一定的背景知识:什么是碳足迹?为什么汉堡中牛肉的碳足迹如此之大?教师通过图片引导学生思考何为碳足迹,以及肉和蔬菜的生命过程(lifecycle)对比,让学生了解食物碳足迹的衡量方法。学生对基本概念有了直观了解后,教师便鼓励学生尝试用接近目标语的"语际语"回答,这一过程实现了主题语境下的语言实践及语言的创造性迁移,同时也深化了学生对于文章主题的理解,从而培养学生的分析、推测、迁移能力,提升学生的创新思维,培养学生英语核心素养。

(二) 视频丰富学习体验,关联现实情境

在沪教版高中英语选择性必修第四册第三单元的 *Would you eat it* 中,谈论了人们捕鲨的原因以及保护鲨鱼的重要性。因为鲨鱼及其生活环境离学生现实生活较远,学生的认知稍显不足,所以,在引入环节,教师利用了视频资源——纪录片 *Shark* 创设真实情境,丰富学生对鲨鱼所生活的海底世界的认知。该视频让一些未见过鲨鱼或者不太熟悉鲨鱼的学生获得直观感受,也为教师引入环节的问题"What's your impression of sharks"作铺垫。教师激励学生描述对鲨鱼的第一印象,如 cruel、terrifying、threatening 等。在这一教学环节中,视频资源拓宽了学生视野,增强了学生的学习兴趣,为后续阅读任务的有效展开奠定了基础。

(三) 自主设计视频资源,巩固课堂所学

在学生学习了沪教版高中英语选择性必修第二册第三单元的 *The return of Kun opera* 之后,教师自主设计微课,浓缩介绍昆曲的起源、发展,以及谭盾的实景园林昆曲的创新发展。本节微课添加昆曲表演视频和昆曲乐器伴奏视频,让学生在从多角度直观感受昆曲魅力的同时,调动学生的感官,主动建构知识,增强学生的文化意识,提高学生的语言表达能力。

(四) 多模态资源丰富阅读任务形式,提升学生思维能力

课文 *The stuff in our lives* 讲述了女主人公 Sharon 的囤积症,并阐述了患囤积症的原因。本单元的话题是 Things that matter,隶属于人与自我主题语境,也属于生活与学习主题群。课文属于因果关系的说明文,学生在阅读课前,需要对文本进行预习。教师基于多模态资源进行任务设计,在兼顾趣味性的前提下启发学生思考,增进学生对课文的理解。该多模态任务设计如下。

Read the passage and choose the function of each room in Sharon's house(表 1).

表 1 The function of each room

Room(房间)	Functions(作用)
A	hoarding piles of jazz records and CDs, mountains of clothes and stacks of magazines
B	cooking meals
C	washing dishes
D	serving as a temporary desk where Elaine does her homework

教师通过设计多模态任务,激发学生的具象化思维。借助房屋平面图(图 1),学生可以直观地了解各个房间的功能,感受 Sharon 的囤积症给家庭环境带来的影响,即各个房间功能混乱、错位。多模态的任务设计打破英语阅读任务的单一形式,能调动学生自主性,激发学生的阅读兴趣,让阅读变得更加生动有趣,从而促进学生语言能力的发展。

又如,沪教版高中英语必修教材第三册第三单元 *Ideal Beauty* 针对人们对于美的评判展开讨论。该课文是一篇议论文,作者展现了不同文化背景和不同历史时期下美的具体形式,文本最后以设问结尾,提出展现自我特性就是美。教师在设计阅读任务时,引入多模态资源,帮助学生理清不同时期、不同文化下美的体现。同时,教师以思维导图的形式写板书(图 2)。

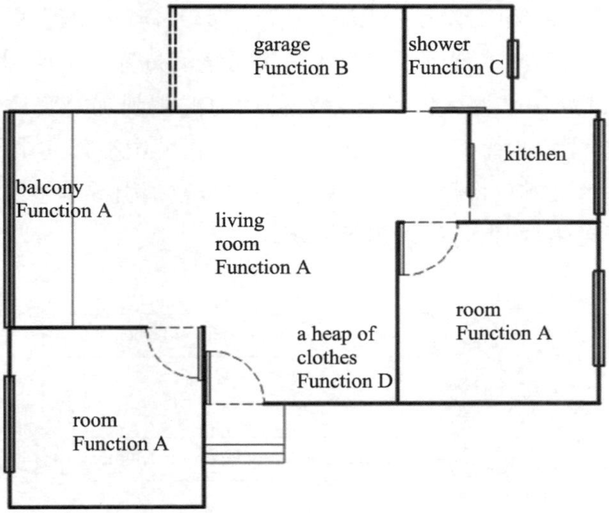

图 1 房屋平面图

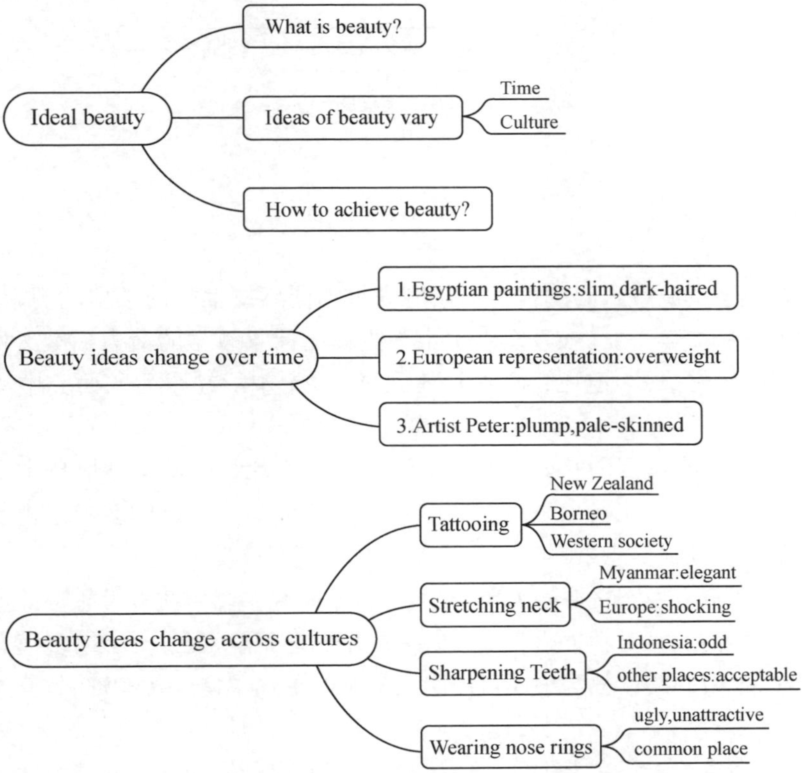

图 2 板书

再如必修第三册第二单元的 *The story of a T-shirt* 讲述了一件 T 恤从棉花采摘、工厂加工、成品上架到最终流入二手市场的过程。本课阅读教学侧重于引导学生意识到整个 T 恤生产的流程对劳动力的剥削和对资源的浪费。在阅读教学任务设计中引入多模态资源，让学生在流程图中梳理文本结构（图 3），寻找语义线索，探究文本的深层含义。在此过程中，教师引导学生发现其中的逻辑关系，增强思维逻辑性，促进高阶思维发展。

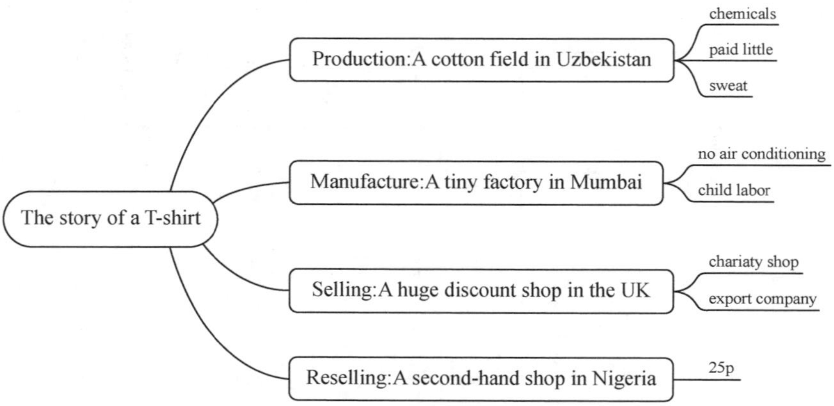

图 3　流程图

四、效果反思

将多模态资源融入阅读教学不仅能满足不同感知偏好的学生的需求，而且让教学内容更加丰富立体，激发以学生为主体的课堂教学的活力。本文列举的实例取得了较好成效，但还存在些许不足之处，希望能在今后的研究中进一步改善。

第一，多模态资源的获取和制作仍然是一个挑战。以基于学情自主设计的微课为例，教师需要花费大量的时间和精力去完成一个丰富的多模态视频。地区发展差异和教师信息素养的不足也制约着多模态教学的发展。

第二，在将多模态资源融入英语学习时，本研究主要关注多模态资源提升学生的语言理解能力，对学生语言运用能力的培养还稍显不足。此外，多模态资源多种多样，今后的阅读教学中还可以引入动画等更加丰富的教学资源，丰富阅读教学。

第三，多模态教学在学生群体中接受度高，能充分调动学生的积极性。多模态教学资源还可以进一步延伸至阅读教学之外，应用到口语、写作等教学实践中，提高学生的语言运用能力。

参考文献

[1] 中华人民共和国教育部. 普通高中英语课程标准(2017 年版 2020 年修订)[S]. 北京：人民教育出版社，2020.

[2] 刘东燕. “多模态”英语阅读教学的价值及实现[J]. 教学与管理，2018(27)：106-108.

[3] 陈力. 多模态语篇在英语课程教学中的意义[J]. 小学教学设计，2022(33)：1.

[4] 树骅. 有效利用多模态资源的高中英语视听说教学[J]. 上海课程教学研究，2023(1)：7-12.

[5] 何晓灵. 多模态英语听说教学活动的设计与实施[J]. 中小学外语教学(中学篇)，2020，43(8)：61-65.

数字基座赋能教师成长的实践探索

张　燕

一、实践背景

同济大学第一附属中学是全国教育信息化先进单位，也是上海市首批教育信息化应用标杆培育校、普通高中新课程新教材实施国家级示范校。2023 年 4 月，学校被评为上海市中小学教师信息技术应用能力提升工程 2.0 示范校。近年来，学校打造了数字校园新基座，推进了校园环境智能升级。学校基于市教委数字基座对各应用数据源的数据进行采集、加工、清洗、转换、汇总、提升，实现数据的标准化、一致化，形成了基于学校需要的校园数据标准规范体系，为数据治理提供标准化的数据治理工具和服务。基于数字校园新基座，学校优化了数字化教学与管理平台，为教师准确地获取信息、科学合理地处理信息、创造性地使用信息提供基础。新基座为教师提供了统一的身份认证、统一的数据架构、统一的信息化平台，涵盖行政管理、走班选课、教学教研、成绩评价等功能，实现教育教学管理和家校互动的全覆盖。

随着教育信息化和“双新”改革的持续推进，数字校园新基座的功能和应用场景得到了不断的优化和更新。在此背景下，教师专业发展和教师培训也进入了一个新的发展阶段。如何将数字校园新基座更好地融入教师成长，成为了学校面临的一个新问题。

二、实践目标

在知识经济时代和信息时代，从教师专业发展的角度来看，教师只有不断掌握学科前沿动态，拓宽学术视野，更新知识结构，才能生存和持续发展。传统教师的教育与培训主要是专家、学者、教研员、优秀教师面向基层教师开展的面对面培训；校本研修则以学校为基地，以校内教师的自我培训为主。这样的培训具有一定的封闭性，教师以被动接受为主，缺乏互动—生成和体验—反馈，教师和学校的主观能动性并未得以充分调动。

学校新基座的开发和使用，为信息时代教师专业发展提供了更多元的选择。丰富的信息化培训资源，以及新颖的交互式学习方式，都为教师专业发展提供了新内容和新方式。学校结合数字校园新基座，努力探索有效的教师培养机制，促进信息时代面向未来的研究型、创新型教师团队的形成。

三、实践探索

(一) 借助网络平台，开发教师培训课程

根据学校的基础、特色和教师培养目标，在调研、评估的基础上，开发教师教育课程，学校提供专家、资源、技术和平台支持。通过教师培训课程的研发，促进教师专业发展的自觉性和自主性，提高课程建设的水平，使教师教育与课程建设、教师发展相辅相成、共同发展。

一是探索已有课程的优化与推广机制，推动教师教育课程的体系化和标准化；基于学校信息化特色和优势，建设具有推广价值的教师培训慕课。二是形成新课研发的生成机制，提升教师素养，不断充实、调整、完善学校教师教育课程。三是探索课程建设评价机制，使课程走向精品化。四是使课程菜单化，为教师选择适合自己的研修课程提供可能。

学校开发了多门教师培训微课程，并被杨浦区采用。已有的课程包括“现代教师应具备的信息素养”“网络课堂教师培训方案”“信息平台常规使用手册”“‘Pad 进课堂’教师培训框架”“教师培训课程——信息化技术赋能课堂教学”等。

(二) 依托网上社区，形成教研学共同体

学校利用 WeLink 信息平台开展教师培训。教师可以在平台使用在线课程、集体研修、教学教研、社区讨论(图 1)等模块学习，让培训信息传递得更高效、更快捷。学校依托信息平台开展校本研修(图 2)，凸显开放、便利和共享优势，通过随时随地的网络交流和互动，帮助教师有选择地汲取他人经验，提升教师整体育人的意识和能力；开展形式多样的培训活动、带教活动、研讨活动与展示活动。

学校通过骨干引领、学科双导师、班主任组团带教等方式，明确教师工作职责，制订了“基于学校、重在规范、团队推进、整体提高”的培训计划，并将计划录

入平台,实时跟踪调整;同时将培训要求渗透到部门和教研组、年级组工作计划及指导教师的带教计划中,完全开放教学资源,搭建跨学科交流平台,借力同济大学实现了专家指导与同侪自培相结合、项目驱动与平台搭建相结合,加强过程推进与目标落实,促进教师培训的开展。

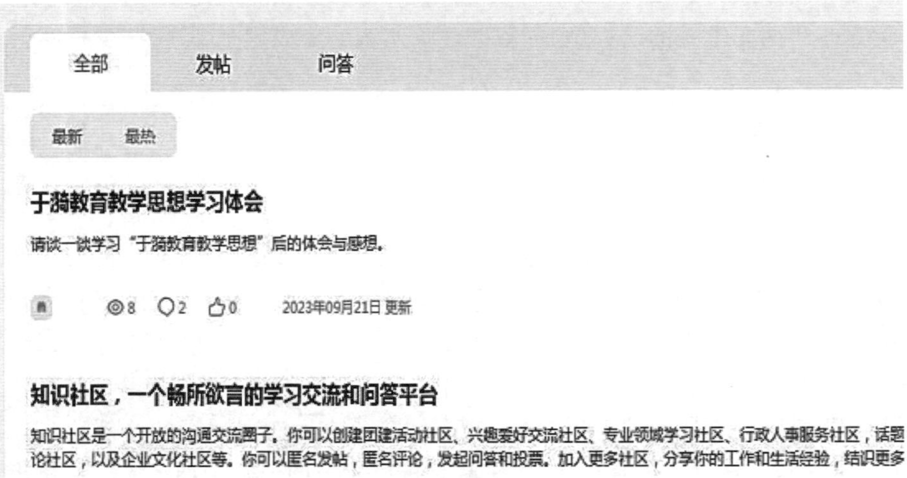

图 1　社区讨论模块

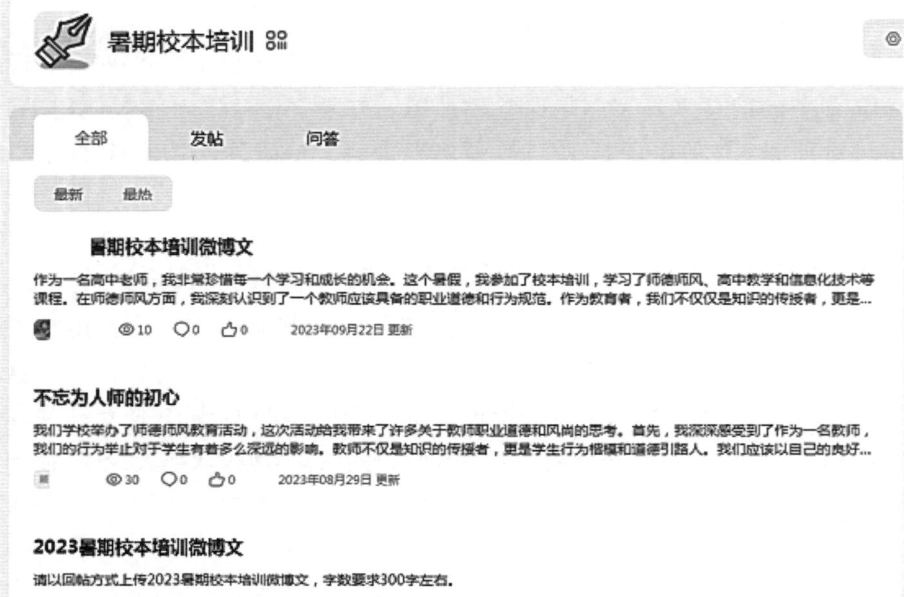

图 2　校本研修

(三) 建立个人档案,促进教师专业发展

形成有效教师教育的前提之一是对教师专业发展基础、意愿、需求的了解。学校结合五年发展规划,制订教师个人专业发展规划;通过个别访谈、问卷调查等方式,了解教师专业发展的现状,发现教师教育中存在的问题;组织专人定期对教师教育课程实施情况进行调研,及时向课程开发者、实施者提供反馈,为教师培训与研修课程的开发、建设和优化提供依据。同时,学校加强教师对教育科学理论和先进经验的学习与分享,把握发展趋势,提升教师教育课程领导力。

利用信息技术促进教师专业发展具有复杂性、长期性和艰巨性,教师要有意识并且主动地寻求帮助。特别是在专业发展的关键时期,要克服"等、靠、要"的被动、消极思想,树立"想方设法、主动寻求"的新观念。要善于借助信息技术,特别是充分发挥互联网技术的优势,主动寻求专家引领。针对教师对于职称晋升的热情不足的问题,学校教师专业发展中心采取锁定目标进行重点培养的方式,在 WeLink 信息平台教师专业发展板块进行过程性记录和跟踪,有计划地帮助教师克服职称晋升过程中的实际困难,从而顺利实现职称晋升的目标。学校对于有职称晋升需求的教师开展广泛的调查,明确教师的实际需求;在教师准备评职称的过程中尽可能提供机会,跟踪服务,给予帮助。例如,邀请专家指导教师进行科研课题的申报和论文撰写,帮助教师发表论文;联合同济大学等单位为教师提供论文发表的机会,并为部分高水平教师出版专著给予资助。

四、效果反思

(一) 目前的成果

1. 形成了教师个人发展的跟踪平台

学校教师专业发展中心联合数字基座开发者为教师专业发展建立个人档案,形成教师专业发展评价量表,使教师能够对照量表明确自己在专业发展中的努力方向。同时学校利用平台记录与保存教师专业化发展的相关资料,展示教师专业发展的轨迹,为教师专业发展提供大数据。

2. 形成了教师培训的网络化课程

基于数字校园新基座,优化了数字化教学与管理平台,开发了网络课程资源。具体资源有"信息技术激发高中地理教学课堂转型""构建网络学习'超市'促进学生自主学习——基于知识图谱的语文学科古诗词'智慧学习环境'建设与实践""基于移动技术的高中英语听说混合式教学模式研究"。已有的课程包括

"现代教师应具备的信息素养""网络课堂教师培训方案""信息平台常规使用手册""'Pad 进课堂'教师培训框架""教师培训课程——信息化技术赋能课堂教学"等。

3. 形成了整校推进、分层分类的教师培训路径

为了实现信息化平台与教师专业发展的深度融合，学校采取平台线上研修与校本研修相结合，理念、理论培训和实践、操作培训相结合，专家培训、同伴互助、个人研修相结合，全员培训与分层分类研修相结合的方式，构建了线上线下双循环培训模式。

（二）未来改进的方向

第一，完善机制建设，争取上级支持，以高水平教师的发展带动团队和学科的建设与发展，更好地促进高水平教师脱颖而出。目前学校已经制订高水平教师精准培养方案，并在学校教职工代表大会上讨论。考虑学校实际情况，要更加重视教师的培养，从而形成高水平教师发展的梯队基础。

第二，进一步加强针对见习教师的规范化培训指导，形成培训课程的系统建设，在数字基座上提供配套功能和应用，使之在理念和实务方面更好地引领见习教师成长。目前见习教师的培训形式包括推荐读书、团队分享、专家答疑等。需更加关注如何利用数字基座进行过程跟进管理与反馈指导。

第三，在学校治理结构变革的基础上，运用信息技术支撑教师专业发展，减负增效，提高教师幸福指数。教育改革进入"深水区"，任务重，难度大，教师工作量较大。要做好加减法，提高教师的职业幸福感，这需要更多的上级支持与专家指导。

在普通高中新课程新教材实施国家级示范校建设的背景下，学校基于数字校园新基座的开发和应用，使教师专业发展更加系统、更加有效，有力推进了学校建设师德高尚、全面发展、面向智能时代的"1＋X"型教师队伍的进程。通过持续提升教师信息素养，培养教师的信息深度应用意识和信息思维，努力促进普通高中育人方式转变和教师专业发展。

参考文献

阮为，张朝晖. 学校信息化之路 2.0[M]. 上海：复旦大学出版社，2020.

三、数字化推动评价策略探究

大数据视角下的学生成绩深度分析与创新应用

徐张晶

一、实践背景

在教育领域，学生的成绩数据起到至关重要的作用。在大数据技术的支持下，教育工作者可以更深入地挖掘学生成绩背后的规律和影响因素。通过对学生成绩的分布、波动、变化等进行深入挖掘，可以识别出学生的学习习惯、能力水平和成绩影响因素等关键信息。这些信息可以为教育工作者提供重要的参考，帮助他们更好地了解学生需求，优化教学方法和策略，实现更加科学、精准的学生成绩分析，为学生教育、教学和管理工作提供更好的服务和支持。

在“双新”背景下，学生成绩分析面临着诸多困难与挑战。“双新”改革旨在培养学生的创新精神和实践能力，同时也对教育评价提出了新的要求。与学生成绩相关的数据数量显著增加，包括各种不同类型的测试结果、课堂表现、作业完成情况等。教育工作者需要更高效、更精准的数据处理和分析方法来提取有价值的信息。

尽管大数据和人工智能等新技术在教育领域的应用日益广泛，但它们在某些方面仍存在局限性。例如，人工智能在情感分析、深度理解学生思维过程等方面可能存在不足，而这些方面对于全面理解学生的学习情况和需求至关重要。因此，教育工作者需要采用更加严谨和科学的方法来评估学生的学习效果，以便更好地指导学生的学习和成长。

在这一背景下，同济大学第一附属中学基于 WeLink 数字基座，开发了一个成绩分析系统，尝试解决成绩分析中遇到的问题。

二、实践目标

一是提高学生的学习成绩和效率。通过大数据分析，教师可以精确地了解每个学生的学习特点和需求，为每个学生提供个性化的学习方案和资源，帮助学生更好地掌握知识和技能，提高学习成绩和效率。

二是提升教师的工作质量和效率。大数据分析可以帮助教师更好地评估学生的学习情况和需求，提供更加精准的教学方法和策略，优化教学内容和方式，提高工作质量和效率。

三是加强家长与学校的沟通和合作：通过大数据分析，家长可以更直观地了解孩子的学习成绩和孩子的成绩在班级或年级中的排名，从而更好地关注孩子的学习情况和成长需求。同时，家长也可以通过标准分分析更好地理解教师对孩子的评价和建议，从而更好地与教师沟通，共同关注孩子的学习成长。这有助于加强家长与学校的沟通和合作，共同促进学生的全面发展。

四是促进学校的创新和发展。基于大数据的学生成绩深度分析与创新应用可以优化教育资源配置，提高教育投入的效益；同时，也可以帮助学校更好地了解和掌握学生的学习情况和需求，提高教学质量和效果，促进学校的创新和发展。

三、实践探索

分数和名次等统计量在评估学生的学习效果时具有一定的科学性和有效性，但也有一些问题和局限性需要注意。

首先，不能单纯地通过比较分数或名次来评估学生的学习效果。这种做法往往会忽视学生的实际表现和进步，无法全面了解他们的学习方法和知识掌握情况。例如，两名学生在数学考试中都得到了 90 分，但他们可能在解题思路、方法运用、问题解决能力等方面存在差异。一名学生可能基础题答得比较扎实，而在解答综合题时相对薄弱；另一名学生可能综合题答得比较好，但基础题错误较多。如果仅从分数来评价，我们很难准确了解他们对于该学科的学习方法和知识掌握情况。

其次，名次的变化也需要注意。如果某名学生的英语名次提高了 10 名，但考试总人数减少了 10 名，那么这名学生是否真的取得了进步呢？在这种情况下，我们需要对名次变化进行更深入的分析，例如，通过比较学生的答题情况和得分率等指标来评估学生的实际进步情况。

最后，不同学科成绩之间的比较也需要考虑选择人数和学科难度等因素。如果某名学生生物的成绩排名是第 68 名，地理的成绩排名是第 82 名，且选择地理的人数比选择生物的人数多，那么我们就不能简单地认为这名学生生物成绩比地理成绩更好。我们应综合学科的选择人数和难度等因素进行分析，以更准确地比较学生在不同学科中的表现。

因此，教师需要在使用分数、名次等统计量时保持谨慎和客观，结合学生的实际情况和个体差异进行综合评估，同时注意不同学科之间的比较和分析。

（一）学生成绩数据的深度分析

1. 用分数衡量学习效果的弊端

使用分数来评估学生的学习效果可能会导致教师和家长过度关注学生的得分，而忽视了学生的实际能力和学科素养。分数仅能展现学生在特定领域的阶段表现，无法全面且准确地衡量他们的学业水平。此外，由于试卷难度和考查内容等因素，分数可能会产生较大的波动，评估的准确性会受到影响。过度强调分数也会增加学生的压力，甚至增加不必要的心理负担。因此，教师需要采取更为全面的评估方法来准确衡量学生的学业水平。

如表 1 所示，小陈同学在两次语文科目的考试中取得了非常接近的分数。在评估该学生的学习效果时，教师需要综合考虑分数和名次两个方面的因素。尽管分数非常接近，但名次的提升意味着该学生在语文学习方面取得了实际的进步。因此，教师应该对小陈同学的语文学习给予积极的反馈和指导，以促进其进一步的发展。

表 1　小陈的两次语文考试成绩

学号	姓名	高二 6 月语文考试分数	高二 6 月语文考试名次	高三 9 月语文考试分数	高三 9 月语文考试名次
××	小陈	93.5	205	95	127

2. 用名次衡量学习效果的弊端

使用名次来评估学生的学习效果也存在一些问题。虽然名次可以体现学生在班级或年级中的相对位置，但并不能反映学生的实际水平和发展潜力。因此，教师需要谨慎使用名次来评估学生的学习效果。

如表 2 所示，在比较小俞同学两次数学考试的成绩时，他的名次上升了 28 位。然而，需要注意的是，参加 6 月考试的实际人数为 311 人，而参加 9 月考试的实际人数为 296 人，名次上升也可能受到考试人数减少的影响。这意味着在评估小俞同学的学业情况时，教师需要更加谨慎，综合考虑多种因素来作出准确的判断。

表 2 小俞的两次数学考试成绩

学号	姓名	高二6月数学考试分数	高二6月数学考试名次	高三9月数学考试分数	高三9月数学考试名次
××	小俞	107	108	87	80

3. 比较不同学科学习效果的困难

分数和名次无法在不同科目之间进行有效的比较，特别是在当前的“3+3”选科模式下，各学科的选科人数存在显著差异，这使得教师难以利用分数或名次来为学生指出后续学习阶段需重点突破的学科。因此，教师需要寻求更加具有可比性的评估方法，以便更准确地为学生提供有关其学业进度的反馈和指导。

如表 3 所示，要评估小毕同学的学习情况，并确定在生物和地理这两门学科中哪一门是更为薄弱的科目，从而进行有针对性的突破。从分数角度来看，生物和地理的分数接近，因此很难仅凭分数作出选择。同时，因为不同学科的成绩难以直接进行比较，所以教师不能单纯地依赖绝对分数来判断哪一门学科是小毕同学的弱项。

如果转向以名次作为评估标准，生物考试的名次确实高于地理考试。这似乎暗示小毕应该将更多的精力投入地理的学习。然而，当考虑到选科人数时，情况发生了变化。生物的选科人数少于地理，这意味着在生物学科中获得高名次可能更容易。因此，名次也不能作为唯一的参考数据来决定学生应该选择哪门学科进行突破。

仅凭分数或名次都无法准确地判断小毕同学在生物和地理这两门学科中的学习状况。教师需要综合考虑多种因素，包括分数、名次和学科的选科人数，以作出更为全面和准确的评估。只有这样，教师才能有效地确定小毕同学的薄弱科目，并为其提供有针对性的学习建议和资源。

表 3 小毕的地理与生物考试成绩

学号	姓名	性别	选科	高三9月生物考试分数	高三9月生物考试名次	高三9月生物考试人数	高三9月地理考试分数	高三9月地理考试名次	高三9月地理考试人数
××	小毕	女	政治、地理、生物	55	47	155	57	136	200

4. 以标准分衡量学习效果的优势

使用标准分来评估学生的学习效果具有显著优势。标准分是相对分数，通过比较学生的得分与整个学生群体的平均分和标准差，得出一个标准化的值，标准分的计算公式如下：

$$标准分=(原始分-平均分)/标准差$$

标准分具有以下3个特点。

① 平均值等于0，标准差等于1，因此不受原始数据单位的影响。

② 可以表明原始数据在其分布中的位置，以体现学生的学科水平以及在学科领域中的相对位置。

③ 可以用于不同班级、年级甚至不同学科之间的比较，从而更全面地评价学生的学业水平。

在学生成绩分析中，标准分可以准确地反映学生在整个学生群体中的位置，而不会受到班级或年级的影响。同时，通过比较不同学科的标准分，教师可以全面了解学生的整体学业水平。因此，标准分可以为教师提供更准确、更全面的学生学业评估。

根据小毕同学的考试情况，通过计算标准分，我们可以明确地看出她在生物学科位于中上水平，而在地理学科则位于中下水平（表4）。因此，为了更好地提高她的学业成绩，建议在后续的学习阶段中，将更多的精力投入地理学科的突破。通过有针对性的地理学科学习和训练，可以有效地提高小毕同学在地理学科上的表现，进而提升她的整体学业水平。

表4　小毕同学的生物与地理标准分

学号	姓名	性别	选科	高三9月生物考试标准分	高三9月地理考试标准分
××	小毕	女	政治、地理、生物	0.51	−0.38

综上所述，仅依赖分数和名次来评估学生的学习效果存在一定的局限性。相比之下，使用标准分来进行衡量更为准确、全面且客观。

（二）学生成绩数据的创新应用

数据挖掘技术是一种有效的方法，可以从大量数据中提取有价值的信息，涉及的技术包括聚类分析、关联规则、决策树、神经网络等。在教育领域中，数据挖掘技术的应用也具有重要意义。同济大学第一附属中学基于WeLink数字基座，创新开发了一套具有显著成效的学生成绩分析系统。该系统的创新点主要体现在以下三个方面。

1. 学生学习行为分析

通过深度剖析学生的成绩数据，教师可以洞见学生在不同课程、考试和活动中的学习模式与习惯，从而为学生提供具有针对性的教学策略。

观察表5，小金同学各科的标准分显示，他在理科方面的表现明显优于文科。班主任可以向相关任课教师传达这一信息，以便教师团队能够协同合作，引导小金同学在语文和英语学科上投入更多的精力，从而全面提升他的学业水平。

表5　小金同学的各科标准分

学号	姓名	性别	选科	高三9月语文考试标准分	高三9月数学考试标准分	高三9月英语考试标准分	高三9月物理考试标准分	高三9月化学考试标准分	高三9月生物考试标准分
××	小金	男	物理、化学、生物	0.17	1.39	0.18	1.04	1.90	0.76

2. 学生学业趋势分析

基于学生历史成绩数据和学习行为数据，教师可以构建预测模型，预测学生在未来学习中的表现和需求。

观察表6，小陈同学语文、数学和英语学科的标准分均呈现上升趋势。教师可以与小陈同学一起分析和总结取得连续进步的原因，并进一步发扬成功经验，以保持上升势头。对于一些有价值的学习经验，班主任可以组织学生进行集体学习，以小陈同学为榜样。这可以使学生更加受到触动，并激发小陈同学进一步努力学习的斗志。通过这种方式，教师可以更好地了解学生的学习特点和需求，并提供针对性的教学策略，以促进学生的学业发展。

表6　小陈同学语数英的标准分变化

学号	姓名	性别	语文			数学			英语		
			高二5月考试	高二6月考试	高三9月考试	高二5月考试	高二6月考试	高三9月考试	高二5月考试	高二6月考试	高三9月考试
××	小陈	男	−0.95	−0.27	1.13	−0.64	−0.03	0.45	−1.04	0.39	0.51

3. 异常值预警及处理

数据挖掘技术在教育领域的应用可以帮助教师和管理人员检测学生成绩数据中的异常值，从而及时发现并处理问题。

观察表7，小胡同学在三次数学考试中连续退步，且退步幅度非常大，这种情况属于异常情况。任课教师应该及时了解学生成绩波动的原因，并排查学生的学习方法是否合适。班主任也应该及时介入，分析学生其他学科的成绩，以确定问题是普遍存在的还是只限于数学学科。在深入分析后，可以确定问题的根本原因，例如学习因素、心理因素、人际交往因素或家庭因素等。

通过这种综合性的分析方法，教师可以为学生提供更加个性化的教学支持，帮助他们克服学习困难并取得更好的学业表现。此外，教师还可以通过分析学生的学习行为数据，发现学生在学习过程中的不良习惯或无效方法，并及时提供改进建议。这种个性化的教学支持可以帮助学生更好地适应学习环境，提高学习效果和学业表现。

表7　小胡三次数学考试成绩

学号	姓名	性别	数学					
			高二5月考试	高二6月考试	高三9月考试	差值1	差值2	标准分变化
××	小胡	男	1.31	0.20	−1.16	−1.11	−1.36	连续降低

数据不是无用的，而应被视为教师挖掘育人通道的重要工具。借助数据的力量，教师可以更精准地开展立德树人的工作。这些数据就像是肥沃的土壤，为教育的种子提供了充足的养分。

在这片数据的土壤里，教师能够更深入地了解学生的个性与特长，发现他们的兴趣爱好和潜在能力。通过分析学生的成绩数据，教师可以洞察学生的学习习惯、方法和需求，从而为他们提供更加个性化的教育支持。

借助数据的力量，教师还能及时发现学生的困难和问题，并迅速进行调整和改进。通过跟踪学生的进步和成长，教师可以把握学生的发展趋势和未来潜力，从而为他们规划更合适的学习路线。

教师不仅关注学生的学业成绩，更注重培养他们的综合素质，促进他们的未来发展。借助数据的力量，教师可以更好地培养学生的创新精神、实践能力和社会责任感，助力他们在未来的学习和职业生涯中实现更大的价值。

（三）学生成绩数据的再分析与再应用

成绩分析不仅为学校和教师提供教育教学方面的数据支持，同时也为家长和学生提供指导。

1. *学生层面*

学生可以更好地了解自己的学习情况，了解自己的成绩在班级或年级中的位置，以及相较于其他学生的学习表现。通过识别出自己在哪些科目或知识点上存在弱点，学生可以更有针对性地进行查漏补缺。最后，根据个人成绩和弱点，结合教师和家长的建议，学生可以制订符合个人需求的学习计划，从而提高学习效率。

2. 教师层面

教师可以更准确地评估学生的学习情况。标准分可以为教师提供更准确、更具有可比性的成绩评估方式，帮助教师更全面地了解学生的学习情况和进步情况。通过标准分，教师可以发现哪些知识点的教学需要改进或加强，从而优化教学内容和方法。最终，教师可以根据学生的不同学习特点和需求，提供更加个性化的学习建议和指导，帮助学生更好地发展。

3. 家长层面

家长可以更直观地了解孩子的学习成绩和孩子在班级或年级中的位置，从而更好地关注孩子的学习情况和成长需求。在此基础上，家长可以协助孩子，根据孩子的学习特点，与孩子一起制订学习计划，帮助孩子提高学习效率，促进孩子的全面发展。同时，家长还可以与教师保持良好的沟通，共同关注孩子的学习成长。

4. 学校层面

学校可以更全面地了解全校学生的学习情况和成绩分布，从而评估教学质量和效果，及时调整教学策略和管理措施。学校可以更准确地了解每个学生的需求和发展方向，从而更好地分配教育资源，提高教育投入的效益。最终，这将减少由于不同考试或评估标准带来的成绩偏差，有助于更加公平地评价学生的学习成果和进步情况，确保教育公平。

综上所述，用标准分分析学生成绩可以为各方带来诸多好处，包括更好地促进学生的全面发展、提高教学质量、优化教育资源配置，以及提升教育公平性。

四、效果反思

在大数据技术的推动下，教育领域即将迎来一场重大的变革。数据挖掘技术的引入，将使教育工作者能够更科学地进行教育管理和决策，推动教育治理水平的整体提升。通过精细化的数据分析，教育工作者可以更好地理解学生的学习进度和表现，从而优化教育资源配置，提高教育管理的效率。

尽管大数据和人工智能等新技术在教育领域的应用日益广泛，但它们在某些方面仍存在局限性。如图 1 所示，在现有的 WeLink 数字基座成绩分析体系中，主要的切入点是学科的总分，虽然也包括知识点得分分析，但这仅限于对单一题目或单一维度的分析。在“双新”背景下，这种方法对于学生学业水平的划分显得不够充分和精细，忽略了学科内部知识点之间的复杂联系。因此，我们需要借助任课教师的专业力量，为学生提供更具针对性的指导。

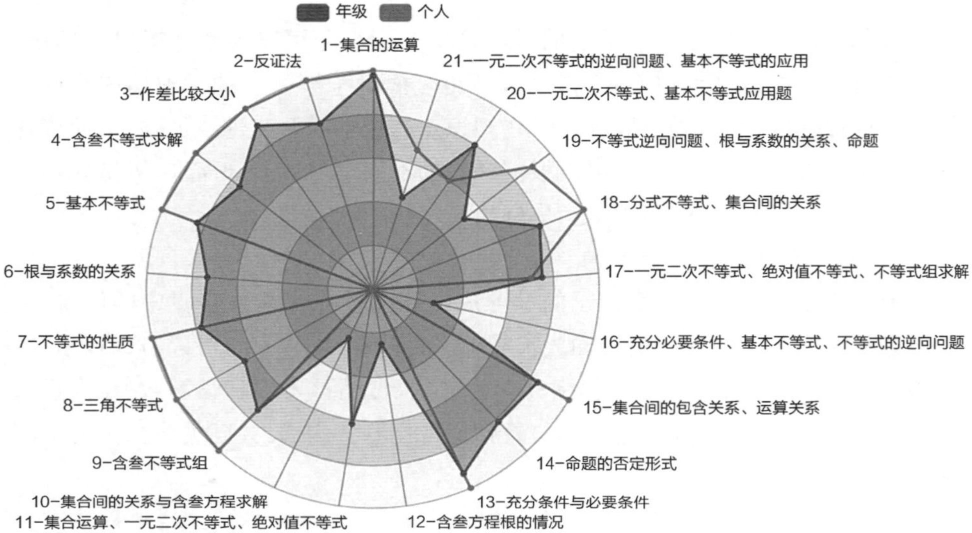

图 1 WeLlink 数字基座成绩分析

如果能利用人工智能工具自动分析学生的薄弱知识点，这将极大地减轻教师的工作负担，帮助他们更准确地评估学生的学习状况并提供针对性的指导，同时也能为学生提供更为精确和个性化的学习反馈，使学生能更好地理解和掌握学科知识，从而提高学习效果。通过利用深度学习和自然语言处理等技术，教师可以实现对学生数据的自动分析，并生成个性化的学习报告。这将为教师提供有力的支持。

在教育领域，学生成绩数据扮演着举足轻重的角色。通过应用数据挖掘技术进行深入分析和挖掘，教师可以更全面地理解学生的学习行为和需求，从而优化教育资源的配置，提升整体的教育质量。随着大数据和人工智能技术的持续发展，我们有理由相信，数据挖掘在教育领域的应用将更加广泛和深入，为推动教育的改革和创新发挥更重要的作用。通过跨界融合、个性化教育和智能教育管理等的应用，我们将能够进一步提升教育质量和效率，为学生的全面发展提供有力支持。

综上所述，数据挖掘技术在教育领域的应用具有巨大的潜力。随着技术的不断进步和发展，数据挖掘将为推动教育的改革和创新发挥更重要的作用，为提高教育质量和促进学生的全面发展提供更加强有力的支持。

参考文献

[1] 金玉. 基于学习大数据的学生学习成绩预测关键技术研究[D]. 南京：东南大学，2021.

[2] 武俊楠. 基于数据挖掘技术的学生在线成绩预测[D]. 西安：长安大学，2021.

[3] 孙高强，魏巍，阮晓龙. 数据可视化高校评教成绩分析系统研究[J]. 中国教育技术装备，2019(19)：16-20+26.

基于“晓德助手”的智慧型学生评价新范式探索

王康茜

一、实践背景

2020年中共中央、国务院印发的《深化新时代教育评价改革总体方案》明确提到要“坚持立德树人，牢记为党育人、为国育才使命，充分发挥教育评价的指挥棒作用，引导确立科学的育人目标，确保教育正确发展方向”。这一方案再次重申了学校教育中评价的重要性。与此同时，方案中还提出要“创新评价工具，利用人工智能、大数据等现代信息技术，探索开展学生各年级学习情况全过程纵向评价、德智体美劳全要素横向评价”。在信息化时代，如何以信息技术赋能教育评价，成为了学校要关注的重点问题。

同济大学第一附属中学作为“普通高中新课程新教材实施国家级示范校”，在办学中坚持贯彻落实《深化新时代教育评价改革总体方案》的指导精神，探索信息技术赋能学生综合素质评价的新路径，自主开发智能平台“晓德助手”，科学分析学生的发展情况，客观全面记录学生发展过程，呈现学生发展轨迹，充分发挥学生综合素质评价的诊断、导向和激励功能，在评价中促进学生综合素质的发展。学校积极推进综合素质评价与生涯发展规划的有机融合，让学生在评价中计划当下学业、规划未来职业，落实培养“有理想、有本领、有担当”的时代新人的育人目标。

二、实践目标

一是通过信息平台建设，运用信息技术搜集、分析、诊断和处理学生学习数据，对学生的综合素质进行全面评价。

二是发挥评价的重要功能，为学生刻画成长轨迹图谱，让智能平台成为学生学业和生涯规划和发展的帮手，帮助学生客观认识自己，明确理想，梦想成真。

三、实践探索

(一) 建构评价理念:信息技术助力学生评价

《深化新时代教育评价改革总体方案》意在对评价正本清源,让评价在学生全面发展中发挥积极作用。因此,学校基于以下理念设计了“晓德助手”平台。

第一,评价过程应是多方互动的。“晓德助手”应能够为师生创建一个互动的空间,使他们能围绕评价材料、评价结果进行展示和交流。

第二,评价应激发学生发展动力。“晓德助手”应能够为学生提供个性化的发展画像,激发学生发展的主动性,让学生明晰未来努力的方向。

第三,评价应与发展形成一体化设计。“晓德助手”的应用应是常态化的,应该与学生的发展需求相结合。

(二) 完善模型设计:“晓德助手”的评价内容与平台架构

1. 评价内容:使毕业生形象具象化,助力评价落实落细

学校依据育人目标,将毕业生形象定义为“明德的担当者”“笃学的求知者”与“敦行的实践者”,并根据德智体美劳全面发展的要求进一步细分了六级十八个子评价指标,建构了学校综合素质评价模型(图 1)。模型明确了如何运用“晓德助手”这一智能平台的五大系统,对学生的综合素质进行全面评价。

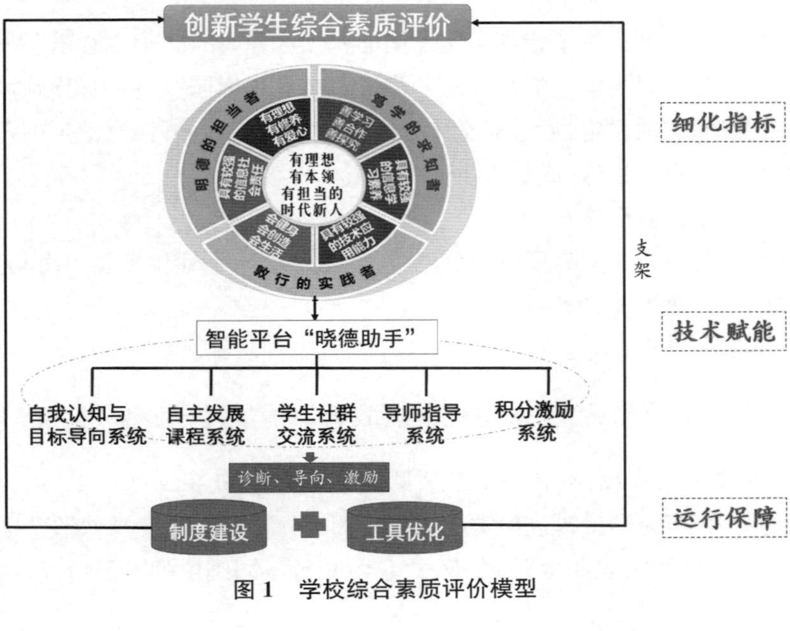

图 1 学校综合素质评价模型

毕业生形象的具象化可以为学生自评、自主选择课程等提供支撑，也为教师对学生进行更专业、深入的指导提供依据，助力学生在个性发展和全面发展之间取得平衡。

2. 平台架构："晓德助手"的五大核心系统

"晓德助手"包含五大系统，它们相互衔接，对学生进行诊断、导向与激励，共同发挥着育人功能。

（1）自我认知与目标导向系统

系统中汇聚学生多维度的发展数据，包含学业数据、体测数据等。平台协助学生通过数据科学分析自我发展情况，清晰认知自我综合素质发展中的短板，为学生选修课程提供方向导引，同时分析结果还能为综合素质增值性评价提供参照。

（2）自主发展课程系统

系统中包含学生学业发展与生涯发展所需的丰富课程资源，既有指向智育的"学科网班"，也有指向德育、美育、体育和劳育的"梦想课程"。课程系统留存学生课程学习数据以及教师的评价数据等过程性评价数据。

（3）学生社群交流系统

该系统能突破时间和空间限制，充分发挥同伴榜样示范作用，实现同伴间的相互评价与交流。同时，学生社群交流系统留存学生社会实践、科学探究、公益服务等方面的过程性评价数据，如上传的荣誉证书、社会实践证明等。

（4）导师指导系统

系统中为导师提供了指导学生发展的各项途径，如在"师生心语"平台中，导师可以全天候实时与学生进行一对一沟通；在"梦想家园"平台中，导师可以依据学生"重要他人"的设定，通过对学生未来理想与目标的分析，对学生进行学涯与生涯的个性化资源推送，或是提供人生发展的建议与指导。

（5）积分激励系统

该系统能使学生实时了解自我的进步，激活学生个性化发展的内驱力，使得个体可以多元化发展，也使评价过程成为"评价—提高—再评价"的良性循环、螺旋上升的发展过程。

（三）推动评价运行：数字化赋能教育评价的过程

1. 确定发展基础：自我导航系统提供学生发展"数字画像"

"晓德助手"为学生提供门类丰富的专业测评，生成"数字画像"，帮助学生了解自己在个人学业、职业生涯、专业、兴趣特长等不同维度的发展情况，协助学生扬长补短。

根据学生高一入校时的"初始画像"和高中三年各阶段的"动态画像",学生可以实时进行动态的自我评价,了解自己在德智体美劳各方面的发展情况,不断优化阶段性目标。

2. 刻画"成长轨迹图谱":持续性汇集与分析学生发展数据

"晓德助手"的五大系统不断收集学生发展的过程性数据,协助刻画学生的"成长轨迹图谱"。例如,学校建设了包含 100 余节"微课程""微辅导"的"学科网班"和包含 30 余节"梦想课程"的"学生发展指导课程体系"。"晓德助手"通过自学课程功能将这些课程推送给全校学生,学生根据"数字画像"的最新数据选择修习课程,这是刻画学生"成长轨迹图谱"的重要数据来源。学校还探索建立"学分制银行","学分制银行"中学生的学习数据,都将成为刻画学生"成长轨迹图谱"的重要依据。"成长轨迹图谱"不仅记录了学生综合发展的情况,同时也为学生提供发掘自身潜能、规划发展方向的证据。以图 2 所示的学生"成长轨迹图谱"中的个性化评价为例,通过信息技术的分析和诊断,该生在信息学习的能力素养方面较为突出,尤其是在计算思维、逻辑推理、科创精神、协同能力、工具学习和创新设计六大素养上比较有优势,这为"晓德助手"接下来给学生的选科与职业生涯规划提供了参考方向。"晓德助手"平台可以为学生推送更多有关人工智能与通信工程的课程资源与讲座资源。

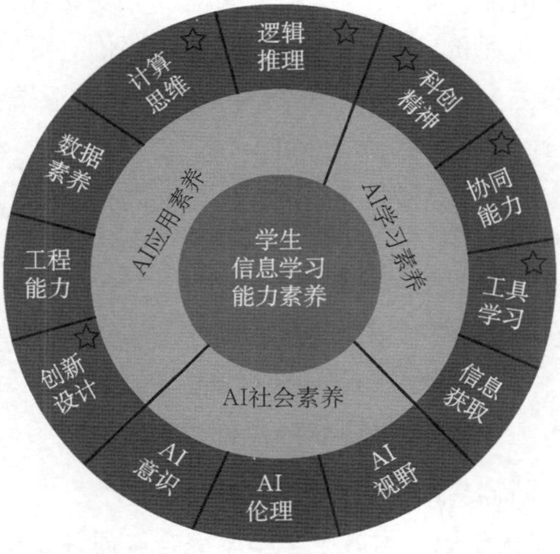

图 2 学生"成长轨迹图谱"中的个性化评价

3. 形成发展共同体:发挥同伴评价对学生发展的作用

学生社群交流系统实现了生生互评,使学生互相欣赏。学生依据个人实际与志趣相近的同学组成“同伴社群”，既拓展知识视野，又有助于开启共同奋斗的历程。学生社群交流系统不仅为学生提供实时交互平台，还可让学生通过“我的校园”推送给彼此近阶段的发展近况，由学生对同伴的发展进行评价，充分发挥同伴间的榜样示范与监督作用。

学生在积分激励系统中可以看到自己与同伴每月在德智体美劳不同领域的积分。“晓德助手”的“每月之星”与“荣誉榜”板块会定期公布入选学生，激发学生发展的主观能动性，并激励学生向优秀同伴看齐。

4. 多主体协同育人：为学生卓越发展提供多方位支持

“晓德助手”为教师、家长、校外人员等“导师团”成员参与学生评价提供了平台，多主体在评价中形成了育人共同体。导师指导系统为每名学生定制了符合自己需求的“导师团”，学生在德智体美劳各个方面的发展都会得到“导师团”成员的实时关注。“导师团”成员为成功完成各项任务的学生赋予积分，对学生的发展进行动态评价并提出专业指导建议，为学生的卓越发展提供多方位支持，还将推荐表现突出的学生进行线上展示。

5. 评价发展一体化：学生综合素质评价与生涯规划深度融合

学生在“晓德助手”上的所有评价数据，都为学生未来生涯规划提供依据。学生通过自主发展课程系统中的课程学习评价，可以清晰直观地认识到自身在德智体美劳不同领域当中的优势与短板，知晓自身在学校六级评价中的真实表现，找准个人的发展潜能。例如，在“梦想课程—劳动课程—职业实训体验课”中，学生可以通过自我评价、同伴评价、实训基地评价，判断最适合自身的实训岗位，明晰未来发展方向，将这些评价作为将来大学专业选报与职业生涯规划的重要参考依据。通过不断更新完善的动态“数字画像”，学生也可以依靠大数据分析了解自己当前的发展状态，不断调整发展目标，更加科学地做好生涯规划。

四、效果反思

（一）效果

1. 制定了学生评价标准作为评价实施的“尺子”

学校制定了《同济大学第一附属中学学生综合素质评价标准》，基于育人目标与毕业生形象设置了学生德智体美劳全面发展的基本任务，并以个性化为指引，设计了精细化、多元化、差异化的学生评价标准，为学校培养学术型、工程型、技术型等不同类型的人才提供了准则，让学生可以根据实际情况充分实现自我价值。

2. 加快了导师综合能力提升的“步子”

学校以专业化为导向，根据导师专长形成了科创导师团、思政导师团、艺术导师团等不同类型的专业导师团队。学校通过自我评价、团队评价、同行评价、社会评价等，对导师的育人能力进行综合性、动态性评价，促使导师提升自己的综合能力，能够更加专业有效地指导学生发展。

3. 提升了学生评价的“调子”

学校坚持在真实情境中对学生进行综合素质评价，反映学生综合素质的真实发展，进行“写实性”评价，而不是“表演性”评价。学校成立由高校、企业、社区、红色教育基地等单位共同组成的“社会实践基地群”，组织学生前往开展职业实训、志愿服务、社会实践、科学探究等，如组织学生前往团史陈列馆担任史料讲解员，前往新华医院担任导医，前往同济大学实验室开展创新研究活动等。在实践中对学生综合素质进行“写实性”评价，保证评价的真实性和学生发展的真实性。

4. 培育了学生发展的“种子”

学校借助自身作为上海市教育信息化应用标杆培育校的信息化优势，始终坚持以信息技术促进学生综合素质发展和评价的创新。从 2020 年到 2023 年，“晓德助手”描绘的学生“数字画像”更加精准，建构的“成长轨迹图谱”更加清晰，不断滋养着学生主动发展、个性发展、卓越发展的“种子”。未来，学校将继续深化探索信息化赋能学生综合素质评价的新路径，不断地将学生发展的“种子”变成“果实”。

(二) 反思

学生评价是一门重要学问。事实上，由于评价能力的局限，许多我们倡导和重视的学生有价值的发展变化并不能被科学、客观地评价，这是教育高质量发展中的最大瓶颈。信息技术为我们综合分析学生的发展和成长提供了工具，但是当前仍然有一些问题是我们在今后的探索中需要注意的：一是纷繁复杂的数据是否能真实反映学生的发展轨迹；二是如何运用好信息技术，从而更加全面地分析和刻画学生的发展轨迹；三是如何借助信息技术，在学生综合素质评价的过程中指导学生更合理地规划自己的学业与生涯发展。这些问题都是未来要探索的重难点。

参考文献

[1] 新华社. 中共中央 国务院印发《深化新时代教育评价改革总体方案》[EB/OL]. (2020-10-13). https://www.gov.cn/zhengce/2020-10/13/content_551032.htm.

[2] 陈丽. 以信息技术为支撑 推进学生综合素质评价改革[J]. 中国考试，2024(1)：19-20.

信息技术赋能高中历史教学评价

陈新幻

一、实践背景

《普通高中历史课程标准(2017 年版 2020 年修订)》(以下简称《课标》)指出:“高中历史学习的评价应以课程目标为依据,以学生历史学科核心素养的整体发展为着眼点,将评价贯穿于历史学习的整个过程”“注重评价目标与教学目标的一致性,尽可能使教学和评价围绕学生学习这一中心展开,使教、学、评相互促进,共同服务于学生历史学科核心素养的发展”。由此可见,高中历史教学评价要基于“教—学—评一致性”的理念,以学科核心素养作为评价的出发点和落脚点,运用多种方式搜集和处理评价数据,将评价嵌入教学的全过程。

一线教师会经常面临“教了不等于学了”或“学了不等于学会了”的困境,造成这种困境的原因之一就在于“教—学—评”三个环节中评价的缺席。只有借助评价,才能评估学生是否学会。笔者通过对 300 多名一线教师进行调查,发现有超过一半(51%)的教师对“教—学—评一致性”的理念完全不了解,大部分教师(68%)认为历史教学中的评价就是考试、课堂内外的练习或者课堂提问等。将近一半(46%)的教师认为评价应置于阶段性的课堂教学活动之后,只有 20%的教师认为评价应该贯穿教学全过程。可见,当下历史教学缺乏对学生学习活动过程的动态评价,评价的方式也比较单一。因此,对高中历史教学的评价进行深入探究势在必行。

二、实践目标

教学评价是教学的基本环节之一,评价要与教师的教和学生的学保持目标的一致性。信息技术支撑教学前置评价,要精准诊断学生的学习问题,明确学生的学习起点,为教师制订合理的学习目标提供依据。信息技术支撑课堂学习活动评价，要有助于创设历史情境，增强学生对课堂的深度参与，嵌入课堂实时评价。信息技术赋能课后教学评价，要提升评价的科学性，增强评价的激励功能。

三、实践探索

（一）“教—学—评一致性”的理念

华东师范大学崔允漷教授认为，“‘教—学—评一致性’涉及两种理解：一是针对教师而言，二是针对命题专家而言。前者是指在特定的课堂教学活动中，教师的教、学生的学与对学习的评价应该具有目标的一致性；后者是指教师的教、学生的学与命题专家的命题应保持目标的一致性”。课堂是教师的主阵地，教师需要重点关注课堂教学活动中的“教—学—评一致性”。“教—学—评一致性”，即“教”“学”“评”三者中的任意两者都要保持一致。“学—教一致性”，意即“所学即所教”；“教—评一致性”，意即“所教即所评”；“评—学一致性”，意即“所学即所评”。教、学、评三者应具有目标的一致性。清晰的目标是“教—学—评一致”的前提和灵魂，没有清晰的目标，也就无所谓一致性。

（二）信息技术助力评价目标的制订

开展高中历史学习评价的前提是根据《课标》和学生学情，制订合理的学习目标，进而判断学生的学习活动是否达成了目标。有的教师会凭借教学经验来判断学情，但借助前置评价会更加精准、科学。前置评价，又称诊断性评价，是指在教学活动开始之前为确定学习者已有的学习准备程度而进行的评价。借助信息技术可以广泛、快速地收集数字化的学情信息，精准定位学习起点，制订合理的评价目标。

1. 搜集学习风格和认知特征等学情信息

学生从初中升入高中，往往需要一段比较长的时间来适应高中的学习要求和学习节奏，如果教师对学生的学习风格和认知特征有比较充分的了解，就能设计更具适切性的学习活动。教师可以借助“问卷星”设计调查问卷来搜集相关信息。例如，了解学生对历史课堂开放性问题的探究兴趣（图 1），了解学生如何解决历史学习中的困难（图 2），了解学生参与历史课堂讨论的方式（图 3）等。

2. 通过课前检测精准定位学生的学习起点

教师还可以通过信息技术支持下的前置评价来了解学生已知和已会的知识。例如，借助网络教学平台来检测学生对于第二次世界大战史实的掌握情况。教师只需要课前在信息平台导入相关的检测题目，学生利用移动端设备完成检

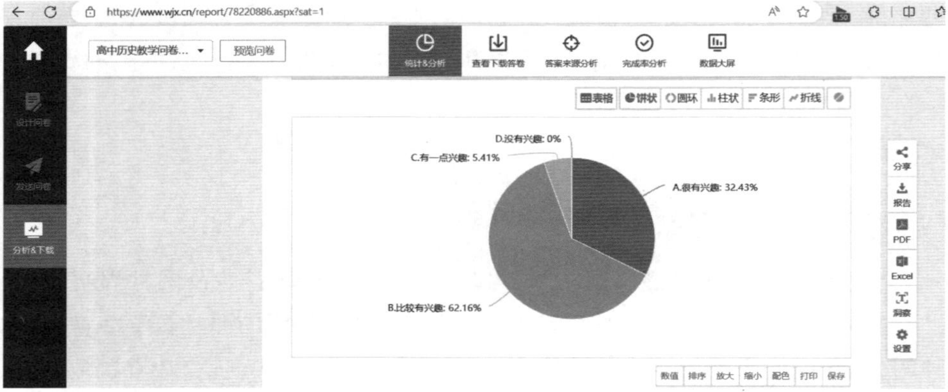

图 1 利用“问卷星”了解学生对历史课堂中开放性问题的探究兴趣

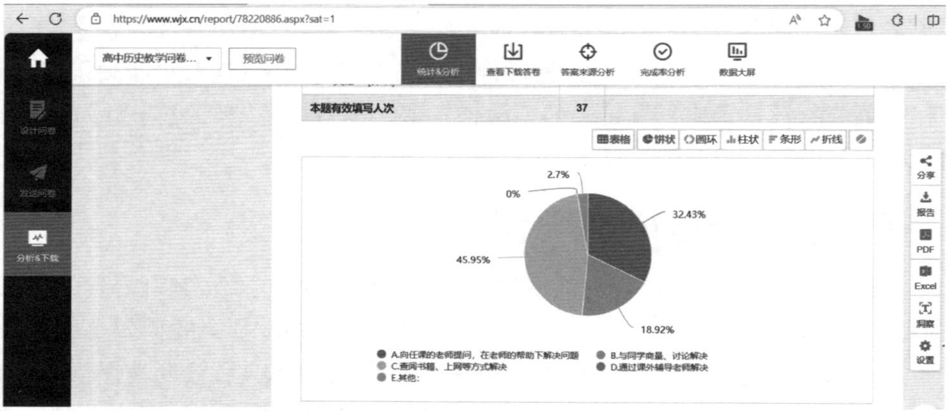

图 2 利用“问卷星”了解学生如何解决历史学习中的困难

图 3 利用“问卷星”了解学生参与历史课堂讨论的方式

测练习后，信息平台就可以自动地导出班级学生的正答率以及每名学生的错题情况，教师可据此判断学生对于第二次世界大战史实的掌握情况。信息技术支持下的前置评价也可以快速搜集学生对历史问题的主观认识，帮助教师分析学生的核心素养水平。例如，在进行备课时，教师通过"问卷星"，发现不同学生对于第二次世界大战的起点有不同的认识。教师通过"问卷星"设计了主观性问题来了解学生对于第二次世界大战起点的历史解释，从而相对精准地把握学生历史学科核心素养的水平。

除了"问卷星"，学生常用的社交软件，如 QQ、微信，以及现有的教学软件钉钉、Class In 等都具有问卷调查功能，可以快速地收集、分析数据。教师通过前置评价，掌握学生整体上的学习风格、认知特征、已知已会的知识，以及核心素养水平，据此将学生的学习目标调至最近发展区，再设计相应的学习活动和评价任务。

（三）利用信息技术将评价嵌入课堂教学

1. 借助信息终端，提升学生的参与度

学习评价不仅仅是课后作业或阶段性考试，评价任务应该嵌入课堂教学的环节之中。借助平板电脑等信息终端及网络学习平台，每名学生都能参与到学习评价任务之中，教师也能关注更多学生的学习表现。例如，教师在网络教学平台中设计了关于"第二次世界大战起源"的探究活动，学生基于史料从不同视角解释第二次世界大战爆发的原因。学生还可以翻阅其他同学的观点，从而启发自己从新的视角思考，教师也可以给予及时的激励或指导。

2. 利用思维导图软件，评价学生思维水平

课堂上学生回答问题或者撰写作业，往往是对知识的可视化呈现，而思维可视化是指知识表征背后的思考方法、思考路径，思维可视化的过程更强调对思考方法以及思考路径的梳理和呈现。教师只有去剖析学生的思维认知过程，才能真正发现学习过程中的症结，真正发挥评价的诊断和反馈功能。学生借助 X-mind 软件绘制思维导图，可以展示和呈现自己思维认知的过程。就历史学科而言，学生绘制的思维导图可以让教师直观地了解学生对历史横向和纵向联系的认识，判断学生的思维到底处于哪一层级。例如，教师在教授"诸侯纷争与变法运动"一课时，要求学生基于课堂中对唯物史观的学习修改课前绘制的思维导图，通过两幅思维导图的对比，就能清楚地看到学生思维过程的变化（图 4）。

课前绘制的图显示，学生对春秋战国时期的认识是散点式的，只能把握一些重大的事件以及事件的基本要素，未能呈现春秋战国时期社会大变革的内在历

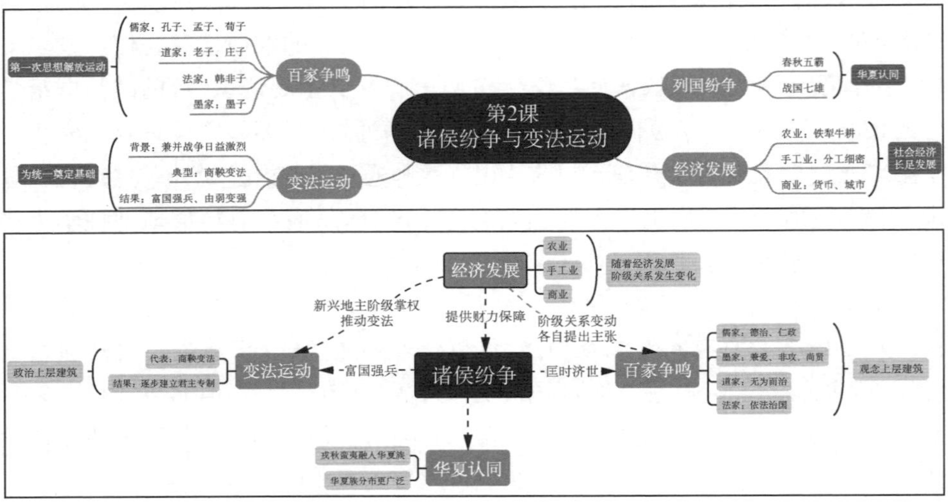

图 4　学生运用 X-mind 软件绘制的思维导图(上方的图为课前绘制的思维导图,下方的图为课后绘制的思维导图)

史逻辑。课后绘制的图反映学生能基于唯物史观的理论,用“社会存在与社会意识”“经济基础与上层建筑”的相关理论来建构春秋战国时期经济发展、诸侯纷争、华夏认同、变法运动和百家争鸣之间的关联。

3. 利用投票计分软件,多元主体共同评价

《课标》指出:“教师、学生、家长等都应成为评价主体。”传统观念认为学生的学习活动应由教师来评价,但是多元主体共同参与评价,有助于搜集不同视角的评价信息,尤其是学生的自我评价,能够帮助学生明晰评价标准,总结学习经验,反思学习过程中的不足之处。例如,教师结合纪念辛亥革命 110 周年的时事热点,创设学术问题情境:对于中国近代史的分期,学术界的主流观点是以鸦片战争作为近代史的起点,但也有学者提出了不同的观点,认为辛亥革命是近代中国社会转型的真正起点。教师抛出问题:对于近代史的开端,你支持鸦片战争说还是辛亥革命说,请说明理由。创设问题情境后,需要有具体的学习活动,才能实现教、学、评的一致。例如,关于“中国近代史的开端”这一情境问题,教师可以根据学生的不同观点,将学生分为两个观点相左的小组,由两方学生进行辩论。辩论的主要目的不是得出历史结论,而是要通过辩论提升学生的历史学科核心素养。教师可以组织学生共同设计课堂辩论的评价细则。教师将评价细则表通过腾讯在线文档或者微信评分小程序呈现出来(图 5),再组织学生共同对课堂辩论各个环节的表现进行自评和同伴互评,同时,教师也作出评价。通过评价,学

生就能更进一步明晰学习目标以及自己与学习目标之间的差距和改进方向。

E2 fx 10

	A	B	C	D	E	F
1	评分项目		分值	自评	师评	他评
2	论点陈述	论点明晰，逻辑清晰，分析透彻；论据丰富，引用史料/史实/史事充分恰当、准确；论证的视角和层次具有结构性和逻辑性	15		10	
3	攻辩	表述清晰、论证合理有力；回答问题精辟，处理问题有技巧；推理过程合乎历史逻辑，史实/史事引用得当	20			
4	攻辩小结	全面归纳对方观点、论据或论证的矛盾和差错，并作系统的反驳；辩护有理、有据、有力，说服力强	15			
5	自由辩论	攻防转换适时，把握辩论主动权，针对对方的论点、论据进行有力反驳，语言表达清晰流畅，史实/史事得当	20			
6	总结陈词	全面总结本方的论点、论证，系统反驳对方的进攻，为本方辩护；语言表达具有说服力和逻辑性	15			
7	团队合作	团队成员紧密配合、及时补场、救场、辩驳过程举止得当，有风度	15			

图 5 利用腾讯在线文档对课堂辩论的表现进行评价

信息技术赋能历史教学评价，能保证课堂评价的及时性，使评价嵌于教学过程，随时、持续收集信息，使学生的历史思维外显化、可视化，而且能够使多元主体共同参与，及时评价。

(四) 利用信息技术跟踪评价数据，充分发挥评价效能

1. 长期跟踪分析数据，形成个性化的“数字画像”

信息技术赋能评价，不仅能提高数据收集和分析的效率，而且可以通过对评价数据的长期跟踪收集，形成每一名学生学习与成长过程的“数字画像”，明确学生发展的优势、短板与方向，促进学生全面而有个性地发展。例如，教师利用网络教学平台对学生进行多次测验后，再利用平台查阅、汇总常见的错题，生成阶段性或个性化的作业，将其推送给学生练习巩固。备课组基于对平台大数据的分析研究，跟踪学生对重难点知识的学习轨迹，开展专题化、深层次的教学研究，调整优化教学设计。

2. 建立电子化学习档案，促进学生持续改进提升

学习档案是搜集、记录学生数据的便捷载体。档案评价是指搜集和评价学生在一段较长时间内的作品样本，然后再进行样本跟踪分析。历史 SOLO 论文写作是评价学生历史学科核心素养的重要方式。师生可以建立 SOLO 论文写作电子档案袋，把学生不同时期撰写的 SOLO 论文汇总在一起，包括教师每次

点评的评语以及学生修改的记录。档案材料保存在师生共享的网盘中，以此跟踪学生 SOLO 论文写作，为学生反思和总结 SOLO 论文写作过程提供持续化的反馈数据。

3. 利用信息平台展示作业，增强评价的激励功能

目前常见的线上教学软件，如钉钉，不仅有作业布置和评价功能，而且还有优秀作业展示推送功能。对于学生的优秀作业，教师也可以微信公众号推文的方式向学生、家长和其他教师展示，让他们共同参与作业的评选活动，这不仅能让学生明确学习评价的目标，而且能使他们的学习成果得到更多人认可，增强学生的学习动机，增添他们的学习兴趣。

四、效果反思

当前，移动设备融入课堂已成为教育信息化的一种新生态，这为我们探索信息技术与教、学、评一致的有效融合提供了可能。信息技术支持下的历史教学不仅能及时、有效、精准地掌握学生学情，而且能实现常态化课堂精准评价与及时反馈，全面提升高中历史课堂教学效益，实现信息技术赋能历史课堂的教学变革。

信息技术应用于“教”“学”“评”每一个环节，能够使学习目标更加合理化、教学活动的组织更加多元化、学生的学习更加自主化，让学生在整堂课中均有沉浸式体验，最大程度地让学生处于主动、合作和轻松的学习氛围中。历史课堂依托信息技术，实现了课堂上即时、全面地采集、分析、诊断和评价学生的学习状态，学习评价更加科学、精准，真正达成教、学、评一致。

但教师在运用信息技术赋能教、学、评一致的实践中，需要注意：①运用信息技术设计的课堂活动，必须要基于教学目标和评价目标进行；②运用信息技术设计的课堂活动，必须要让每一名学生全方位、沉浸式体验；③运用信息技术设计的课堂活动的过程数据，要能被实时、全面地采集到，并用于改善教师的教，促进并最终优化学生的学；④利用信息技术助力教、学、评一致要注意对评价数据的长期跟踪积累，这样能为每一名学生的学习与成长生成客观的“数字画像”，明确学生发展的优势、不足与方向，促进学生全面而有个性地发展。

参考文献

[1] 中华人民共和国教育部. 普通高中历史课程标准(2017 年版 2020 年修订)[S]. 北京：人民教育出版社，2020.

[2] 林崇德. 中国中学教学百科全书·教育卷[M]. 沈阳:沈阳出版社,1990.
[3] 崔允漷,夏雪梅. "教—学—评—致性":意义与含义[J]. 中小学管理,2013(1):4-6.
[4] 崔允漷,雷浩. 教—学—评—致性三因素理论模型的建构[J]. 华东师范大学学报(教育科学版),2015,33(4):15-22.

基于数据分析的高中语文多元评价

沈旭栋

一、实践背景

在"双新"课程改革背景下，学生的主体地位不断凸显，学习和教学方式也随之发生了极大的改变。为了更好地做到以人为本，实现学生的全面发展，师生间需要构建更为和谐平等的关系。在教学活动中，教师不再是活动的主导者，而应是学生学习活动的促进者和引导者。

在课程改革的过程中，评价体系的创新是重中之重。《普通高中语文课程标准(2017 年版 2020 年修订)》对着眼核心素养、评价主体多元、评价方式恰当等方面作了建议。由于语文学科的特性，以多元化的评价体系为导向更有助于为教学方法的创新提供有利的条件，促进学生语文学科核心素养的全面发展。

长久以来，考试是教学评价的惯用手段，但其对学生学习内容的单一量化评价不足以准确判断学生的学习情况，尤其是对于语文学科而言。而且考试强调评价的诊断和选拔作用，对学生的鼓励和促进作用有所欠缺。

语文学科的评价维度相比其他学科更为多元，学生的语言、思维、审美、文化四大板块的学科核心素养各自有着复杂的评价标准，以此形成了多维评价体系。而且，随着时代和教育教学逐步的发展，社会对人才的需求标准也在逐步走向多元化和复杂化，已然超出了以人力和书面记录为主的传统教学评价范围。

二、实践目标

在信息技术的加持下，基于数据分析的多元评价手段能够通过计算每名学生的学习数据得出一个独立且全面的学生模型，从而较为客观地对学生的语文学科核心素养等指标进行评估，帮助教师更好地把握每名学生的学习情况，并对教学目标的达成程度进行持续且有效的判断，再将结果反过来运用于教学过程的改善和调节。

三、实践探索

基于数据分析的高中语文多元评价主要包含三个步骤，分别是数据收集、数据处理和线上互评。所使用的工具主要是学校信息平台，方便师生对信息进行存储、调用和开放。如果学校信息平台不具有数据处理功能，也能通过办公软件进行数据录入和计算。

（一）数据收集

对班级中学生学习数据的收集是数据处理的基础，学生数据的数量和种类越多，就越能减轻单项异常数据造成的影响，经过数据处理后得出的学生模型就能够更加准确和全面。

语文学科的学习重在积累，学生的语言、思维、审美、文化方面的核心素养在教学过程中是逐渐发展的。为了更直观地观察和掌握学生学科核心素养的发展情况，在信息化教学评价实践中，笔者将班中学生的每一次课堂练习、课后作业、阶段检测的量化数据都上传至信息平台，以最大程度地还原学生的真实发展情况，同时也方便之后的大数据处理分析。

对于难以量化的数据，比如学生的文学随笔、阅读感悟等流露感性的作品，笔者将学生的文本完整保存下来，并通过信息平台进行阅读和评价权限的共享，以此实现线上共享、讨论和互评等多项功能，打通非量化数据的流动传递。

（二）数据处理

在完成学生数据的收集工作后，就可以对其进行各种数据处理。笔者所运用的数据处理方法主要是计算平均分和标准差，以及运用以柱状图和折线图为代表的数据可视化处理工具。

在处理学生数据时，笔者先提取了事先录入的量化数据，然后通过信息平台或本地数据处理软件进行数据运算，得出平均分、标准差等新的数据。

平均分是运用频率最高的数据，可以帮助教师快速掌握班级学生总体学习情况。标准差则能够展现数据分布的离散程度，即班级学生间的差距，标准差高说明班级学生学习情况相差很大，标准差低说明班级学生学习情况相近。

得到这些数据后，笔者运用数据可视化技术，制作出饼图、柱状图、折线图等图表，如此便能更为直观地展示数据处理结果，并与其他数据进行对比，分析出班级整体情况。

1. 整体数据分析

日常教学中的点点滴滴是学生语文学科核心素养发展的基础。学生的作业数据直接反映学生对当天课堂学习内容的消化情况，是学生学习过程中的重要数据。对作业数据的收集和处理有助于检测语文教学的有效性。

通过对学生作业数据计算平均分或者划分等第，就能得出班级的作业反馈情况概览(图 1)。再将全年级学生的作业数据进行统一处理，便可呈现出全年级的作业水平情况。

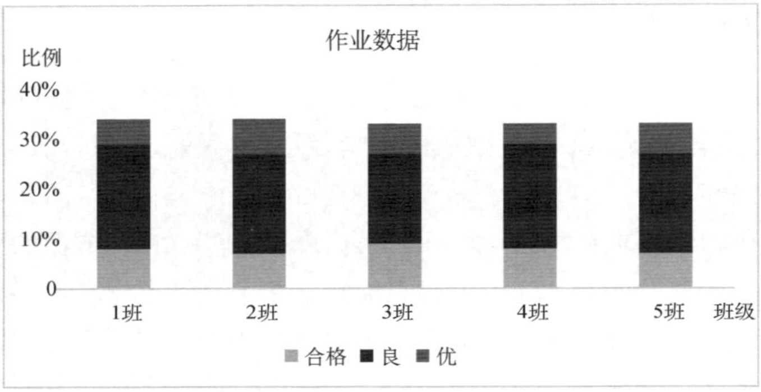

图 1 作业数据的等第

对大量数据进行运算得出的结果有很强的参考价值，也便于教师对教学过程进行宏观调控。这些数据能够引导师生多向优秀班级学习取经，并及时掌握班级的整体水平。

作业数据的标准差则反映了班级学生间作业情况的差异。语文的学习需要长期的努力，所以越早发现学生的问题，就能够越早干预，让学生的语文学习尽早步入正轨。笔者对标准差数据的处理和呈现方式如图 2 所示。

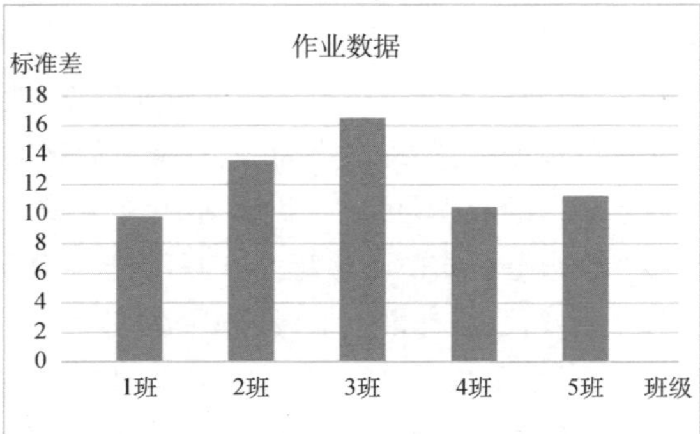

图 2 作业数据的标准差

根据图2可以发现，有的班级标准差偏高，这说明班中学生的学习情况差异比较明显，在现实中则表现为：在乎学业的学生每天都会一丝不苟地学习，实现自我提升，而不在乎学业的学生则对日常学习提不起兴趣，完成作业也是马马虎虎，效率十分低下，学习状态差距较大。

在发现了这种情况后，教师需要更加重视对意志薄弱学生的关心和指导，并通过调用学生个体数据迅速筛选出重点关注对象，运用家校合力共同监督学生学习，培养其良好的学习习惯。

整体数据的处理分析对掌握班级整体学习情况来说效果显著，能够帮助教师随时了解班级情况，并让教师据此调整教学方式。与传统教学评价相比，基于数据分析的多元评价在效率和准确性上有着显著的优势。

2. 个体数据分析

通过班级整体数据的对比，教师可以快速掌握班级总体情况，并以此调整自己的教学方针。而通过对学生个体各项数据的跟踪，教师能够对学生有更全面的了解，便于因材施教。

在针对学生个体的评价过程中，教师提取学生自开学至今的考试成绩、作业情况、课堂练习情况等量化数据，并在信息平台上对这些数据进行可视化处理，以折线图的方式进行呈现，展现出了学生自有数据记录以来的发展轨迹。根据现有数据对学生进行情况分析和归因，就能对其发展趋势进行预测。

以图3为例，学生2入学时成绩不太理想，但其接下来的成绩总体走势是向上的，而学生1入学时成绩优异，但接下来却逐渐下滑。通过分析过程性数据，可以得出学生1成绩不断下滑的主要原因就在于低质量的阶段反馈情况。如果

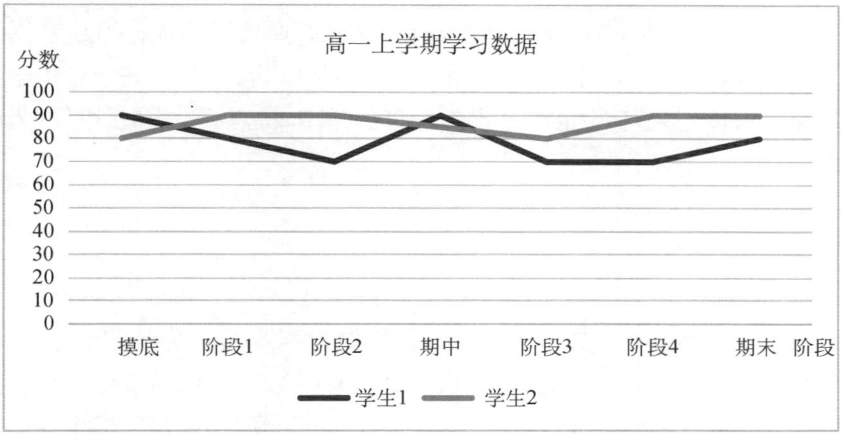

图3 学生个体学习数据折线图

不加以教育和引导，学生1的发展趋势不容乐观。

为了帮助学生更好地成长，学生1收到了这份折线图，教师使学生直面自己学习过程中存在的问题，并引导他多向学生2学习，端正学习态度。因为数据具有真实性和可靠性，所以学生1马上认识到了自己的问题，在日后的学习过程中逐渐稳定了自己的学习状态，与教师的交流频次也有了显著增加。在教师的及时引导和学生自身的努力下，学生1的发展得以逐渐步入正轨。

（三）线上互评

在传统语文教学评价中，学生分享作品的手段和范围有限，而有了数据分析的支持，语文教学评价能够对学生的写作起到更为有效的影响。对于学生的阅读感悟、日常随笔等非量化数据，笔者采取了线上互评作为评价方式。

线上开放的评价环境为学生建构了真实的语言运用情境，学生需要结合教师布置的任务完成作品并上传至平台，然后就能在任意一名学生的讨论评价栏中触发真诚而活跃的沟通与讨论，这种真实且有趣的语言运用能够提高他们的推理能力和沟通能力，而且学生互评有利于发挥集体对个人的激励作用。在集体中，优秀的学生能够作为榜样激励其他学生，让学生的表现欲和学习积极性得到进一步激发。

开放线上互评后，学生的评价积极性很高，每一名学生的感悟文本都能获得很多同学的评价，而感悟深刻的学生被评价的次数尤其多。在这些学生评价中，既有关于被评价学生观点的交流，也有对文本语言的点评。在这些评论中，我们能够发现许多由衷的赞美和建设性的意见，这些评价能够对被评价者起到鼓励和指导的作用。评论区其乐融融，氛围非常和谐，这与学生群体普遍成长于互联网时代有很大关系。如今的学生基本都是网络的“原住民”，他们习惯在网络上发表自己的观点，也渴求别人的关注和陪伴，而线上开放互评正好契合了学生的网络社交需求，培养了学生的媒介素养，而且为学生的教学评价提供了更为多元的视角。

四、效果反思

经过基于数据分析的高中语文多元评价探索实践可以发现，传统教学评价的部分功能实现了工具层面的进化，从书面信息到数字信息的转变大大增强了语文教学评价的效率和有效性，加强了教学效果的可测性，提高了学生的学习积极性和主动性，引导学生从传统的被动学习转向主动学习。在数据分析技术的支持下，教师能够综合大量的学习数据对学生开展更全面的评价，并不断根据数据调整自己的教学方法，关注重点学生，贯彻“以人为本”的教育理念。

对于学生而言，最能提升学习积极性的改变在于线上互评开启后，评价者能够从其他学生的作品中获得启发，加深自己对所学内容的理解。被评价者在评价过程中也能够收到各方建议和肯定，并为了提升自我和得到更多的认可而不断钻研学习，从而写出更加优秀的作品，吸引更多人的评价，实现良性循环。在此过程中，学生之间会进行更多的讨论，通过思维的交流和碰撞完善自己的知识体系，并能在真实积极的语言运用情境中提高自己的语文学科核心素养。

学生们年龄相仿，学情相似，能够站在同样的高度来进行评价，这样的评价往往更易被接受，也更易引发交流讨论。此外，不同的学生有着不同的评价标准，这将有助于对被评价者进行更加全面的考查。学生在评价他人的同时，也会从相同角度来审视自己，对自己的学习情况进行自我评估。这种评价方式还能满足语文学科核心素养中对学生“表达与交流”能力的要求。

基于数据分析的高中语文多元评价方式展现了更为全面且准确的学生“数字画像”，为今后教育教学工作提供了可靠的参考，实现了教学评价的多样态和多途径探索。然而，评价方式的转变也意味着学习门槛的提高和投入成本的增加，学生数据记录越丰富，基于数据分析的多元评价才能越具有参考价值。而数据记录和数据分析所需的额外成本需要教师谨慎衡量，根据学生学情进行个性化取舍和调整。

参考文献

[1] 中华人民共和国教育部. 普通高中语文课程标准(2017 年版 2020 年修订)[S]. 北京：人民教育出版社，2020.

[2] 郭庆光. 传播学教程[M]. 2 版. 北京：中国人民大学出版社，2011.

[3] William D. What is assessment for learning? [J]. Studies in Educational Evaluation, 2011, 37(1): 3-14.